新HSK（五级）模拟试卷及解析

东方汉院　　编制

主编：陈　香

编者：陈　香　　陈　冲　　刘　莉
　　　刘晓春　　卢恩玲　　王国庆
　　　张凤丽

First Edition 2011
Fifth Printing 2024

ISBN 978-7-5138-0026-6
Copyright 2011 by Sinolingua Co., Ltd
Published by Sinolingua Co., Ltd
24 Baiwanzhuang Street Beijing 100037, China
Tel: (86)10-68320585 68997826
Fax: (86)10-68997826 68326333
http://www.sinolingua.com.cn
E-mail: hyjx@sinolingua.com.cn
Printed by Beijing Hucais Culture Communication Co., Ltd

Printed in the People's Republic of China

前 言

为满足广大考生的急切要求，我们在钻研国家汉办新汉语水平考试（五级）大纲和样卷的基础上，编写了《新HSK（五级）模拟试卷及解析》一书，力求从内容和形式上把握真题的特点、重点和难点。

在内容方面，在与旧HSK比较的基础上，我们及时把握当前新HSK考试内容的特点。如在听力内容方面，本书侧重考查与实际生活紧密联系的生活场景中的对话，同时，还增加了商务汉语的听力内容，这也是新HSK与旧HSK很大的不同之处。在阅读内容方面，我们偏重选择能体现中国文化精髓的阅读语料，在考查学生阅读水平的同时，能让考生进一步了解中国文化。在"完成句子"部分，我们选用了交际中常使用的词语，同时注意在语法点上的选取，展现汉语语法的整体特点和基本框架。在用所给出的5个词完成80字短文的题目编写上，我们尽量采用难词和容易词相结合的方式，在词性、词义内容方面都有所斟酌和取舍。"看图作文"部分，则使用了人们在生活中易见的，以展现和谐、关爱、奋斗为主题的画面，选图力求贴近真题图画。

在形式方面，我们在研究样题的基础上，尽量将听力、阅读、书写等各个部分的文字数量、题型与真题靠拢，给考生提供一种如真正考试的现场感。

此外，本书与同类书相比，最大的优势在于：我们对每套试题及答案进行了详细的讲解和分析，让考生在备考阶段不仅通过本书提供的五套模拟试卷达到练习的目的，而且还能掌握备考方法。在听力、阅读、书写的各个部分，我们在答案解析中均给出了精确的应考指导，一步一步指引考生理解题意，按照正确的思路做出答案。

我们希望考生能通过此书尽快熟悉新HSK的考试题型，希望使用者能高质量地演练习题，在新HSK考试中最大限度地发挥自己的水平，取得满意的成绩。

本书编写者为来自东方汉院的新 HSK 考试辅导专家，同时我们的研究还得到了中央财经大学一线教师的指导和支持，在此一并表示感谢。

本书的部分材料是从一些资料中精挑细选出来的，谨此向原作者表示感谢。由于部分原作者未能及时找到，所以敬请原作者见到本书后，尽快与我们联系。

联系人：陈老师

邮　箱：towit5355@163.com

编　者

主编简介

陈香，语言学及应用语言学博士，对外汉语教学方向。从 2004 年开始从事对外汉语教学，主要负责 HSK 考前培训，讲解各种题型的解题方法和应试技巧。现为中央财经大学国际文化交流学院对外汉语教师。

目 录

新 HSK（五级）介绍 ··· I

模拟试卷（一） ·· 1
    听力材料 ·· 18
    答案及解析 ··· 25

模拟试卷（二） ··· 38
    听力材料 ·· 57
    答案及解析 ··· 64

模拟试卷（三） ··· 73
    听力材料 ·· 90
    答案及解析 ··· 97

模拟试卷（四） ·· 106
    听力材料 ··· 123
    答案及解析 ·· 129

模拟试卷（五） ·· 138
    听力材料 ··· 156
    答案及解析 ·· 163

新 HSK（五级）介绍

新汉语水平考试（HSK）是国家汉办组织专家，在吸收原有 HSK 优点的基础上，以《国际汉语能力标准》为依据推出的一项国际汉语能力标准化考试。

新 HSK（五级）相当于旧 HSK 初中等，与旧 HSK 有所不同：在考试内容上去掉了原有的语法专项题、综合填空题；保留了原有的听力题、阅读题，但有变化；同时新增了书写部分的题目。虽然新 HSK 保留了原有的听力题，但在听力题的考试形式和内容上也与旧 HSK 不同。新 HSK（五级）听力题去掉了原有的单句听力题型，新增了许多更贴近日常交际和商务话题的听力题目。在新增的书写部分，新 HSK（五级）增加了排序、用给出的 5 个词语写一篇 80 字作文和看图作文等题型，内容上也更具有交际功能。总之，新 HSK（五级）在考试目的上更侧重考查学生的交际能力，在考试形式上分别从听、读、写三个方面来进行。

新 HSK（五级）各个部分的考试时间和分值安排如下：

考试题型	试题数量	考试时间
一、听力	45 个	约 30 分钟
二、阅读	45 个	40 分钟
三、书写	10 个	40 分钟

全部考试约 125 分钟

适合参加新 HSK（五级）考试的考生：学习汉语的时间为 1-2 年，每周 20 课时，掌握词汇量在 2500 个左右。

与旧 HSK 的对应关系：目前还没有官方数据显示新 HSK 与旧 HSK 等级的对应关系，我们在调查部分相同考生在新、旧 HSK 考试成绩的基础上统计出：新 HSK 五级大致对应于旧 HSK 的 4-7 级。

新 HSK（五级）考试时间：新 HSK（五级）几乎每个月都有考试，具体的考试时间查询请登陆国家汉办官方网站：http://www.hanban.org/tests

选择考点可登陆汉语考试服务网进行查询（请在考试七天前进行报名，离考试七天内不再报名）：http://www.chinesetesting.cn/gokdinfo.do

新HSK（五级）在中国大陆的考试费用为550元。在其他地区，由于汇率等因素的不同，考试费也有所不同，具体费用请咨询选择的考点。

考试时请带好2B铅笔、钢笔、护照和准考证。

考试结束一个月后可登陆汉语考试服务网查询考试成绩：

http://www.chinesetesting.cn/goquery.do（请保留好准考证号）

同时，考试结束一个月后也可领取国家汉办颁发的证书。

新HSK（五级）的考试成绩计算：听力、阅读、书写每部分100分，整份试卷300分，180分为及格分数，及格后将颁发成绩证书。

编　者

模拟试卷（一）

新汉语水平考试
HSK（五级）

注　　意

一、HSK（五级）分三部分：

　　1. 听力（45题，约30分钟）

　　2. 阅读（45题，45分钟）

　　3. 书写（10题，40分钟）

二、听力结束后，有5分钟填写答题卡。

三、全部考试约125分钟（含考生填写个人信息时间5分钟）。

一、听 力

第一部分

第1-20题：请选出正确答案。

1. A 迟到了
   B 在看电影
   C 记错时间了
   D 想买电影票

2. A 考试成绩不错
   B 明天下午考试
   C 男的心情不错
   D 今天天气很好

3. A 项目很成功
   B 老板不同意
   C 明天签合同
   D 老板回来再谈

4. A 上课
   B 作报告
   C 看电视
   D 表演节目

5. A 去旅游
   B 回国看父母
   C 享受夏天的阳光
   D 多看书

6. A 工作很忙
   B 已经休息两天了
   C 认为男的说得不对
   D 很喜欢自己的工作

7. A 会议取消了
   B 他们都没开会
   C 会议改时间了
   D 这次会议很重要

8. A 新车不贵
   B 家里新买了车
   C 她的新车是蓝色的
   D 她和丈夫每人一辆车

9. A 他们吵架了
   B 认识两个月了
   C 女朋友很体贴
   D 女朋友家在北京

10. A 经常锻炼
    B 身体不舒服
    C 每天都跑步
    D 不喜欢吃甜的

11. A 朋友
    B 同事
    C 领导和员工
    D 老师和学生

12. A 爬黄山
    B 等待日出
    C 排队买票
    D 在公园散步

13. A 导游
    B 老师
    C 设计师
    D 外交官

14. A 3 号
    B 10 号
    C 15 号
    D 20 号

15. A 楼上
    B 楼下
    C 电梯里
    D 家门口

16. A 最近很忙
    B 明天出差
    C 不喜欢浇花
    D 把花照顾得很好

17. A 周五能到
    B 已经发货了
    C 时间不够用
    D 货物已经到了

18. A 聊天
    B 玩游戏
    C 打电话
    D 订房间

19. A 飞机上
    B 汽车上
    C 火车上
    D 摩托车上

20. A 校长没有时间
    B 不接受记者采访
    C 让校长给他打电话
    D 看看校长的时间安排

第二部分

第 21-45 题：请选出正确答案。

21. A 购物
    B 买邮票
    C 签合同
    D 收发物品

22. A 不去上海了
    B 后天上海是晴天
    C 到了上海会很忙
    D 希望男的给她打电话

23. A 墙上的画
    B 装修风格
    C 这幅画的作者
    D 朋友画画的水平

24. A 看医生
    B 去上班
    C 买东西
    D 去单位请假

25. A 女的没买西瓜
    B 西瓜两块一斤
    C 女的想挑点苹果
    D 男的需要挑个大的西瓜

26. A 女的会修电脑
    B 男的今天下午来
    C 男的明天来修电脑
    D 女的新买了一台电脑

27. A 想坐车回家
    B 在回家的路上
    C 在火车站等人
    D 收拾东西准备旅行

28. A 她手机丢了
    B 明天有人请客
    C 她自己的课很多
    D 明天能替他代课

29. A 发短信
    B 买个新手机
    C 办理手机业务
    D 明天去商店修手机

30. A 今天休息
    B 服务态度很好
    C 客户对她不满意
    D 上午要给客户发邮件

31. A 早点睡觉
    B 收拾东西
    C 看足球比赛
    D 坐车去郊外

32. A 水果
    B 面包
    C 饼干
    D 零食

- 4 -

33. A 教育
    B 保险
    C 经济
    D 体育

34. A 稍后再联系
    B 问题比较多
    C 合作得很愉快
    D 有机会以后再合作

35. A 北京
    B 郑州
    C 昆明
    D 石家庄

36. A 五个
    B 六个
    C 七个
    D 八个

37. A 内部很团结
    B 没有偷戒指
    C 偷了11样宝贝
    D 最后没有被抓住

38. A 聪明
    B 幽默
    C 善良
    D 民主

39. A 饿死了
    B 病死了
    C 中枪了
    D 撞死的

40. A 难过
    B 害怕
    C 高兴
    D 后悔

41. A 地太多
    B 地上草太多
    C 找到了更好的工作
    D 觉得还会有兔子撞死

42. A 自信
    B 聪明
    C 爱偷懒
    D 很勤劳

43. A 颜色好
    B 很漂亮
    C 长得快
    D 多了很多

44. A 吃得好
    B 小李会养
    C 每天换水
    D 经常换鱼

45. A 经常换水
    B 吃得很讲究
    C 需要晒太阳
    D 需要调水温

二、阅 读

第一部分

第46-60题：请选出正确答案。

46-49.

一天早上，幼儿园的老师给孩子们发包子。大班的同学每人四个，小班的同学每人两个。明明 46 大孩子们每天都能拿到四个包子，自己和 47 们每天只有两个。于是明明找到老师，老师问他："你能吃下四个包子吗？"明明大声说："能。"

老师看了看他，把自己的包子给了他两个。一会儿明明就又把这两个包子都吃了，可过了不久他就觉得肚子不 48 了。

这时，老师对明明说："今天你多得到了两个，可是你却并没有感受到这两个包子的好处。多不一定就意味着 49 。"

"老师，以后，我还是吃两个包子吧！"明明说。

46. A 认识　　B 找到　　C 发现　　D 安排
47. A 父母　　B 同学　　C 老师　　D 姐姐
48. A 痛快　　B 轻松　　C 难受　　D 舒服
49. A 享受　　B 灵活　　C 娱乐　　D 追求

50-52.

北宋有个非常有名的文学家叫欧阳修，别人经常叫他醉翁。《醉翁亭记》便是他的得意之作。《醉翁亭记》讲的是他和朋友在一个亭子里喝酒欣赏风景的故事。那座亭子，50 是山里的一个人建的。欧阳修给这座亭子取名为"醉翁亭"，因为他常和朋友来这里喝酒。

欧阳修很 51 醉，但他为什么还爱喝酒呢？他自己说："醉翁之意不在酒，在乎山水之间也。"这句话的意思是他的本意不在酒，而在于 52 那里的山水风光。后来人们用"醉翁之意不在酒"表示一个人本意并不在此，而是另有目的。

50. A 打听　　B 据说　　C 期待　　D 感觉
51. A 容易　　B 赶紧　　C 刚刚　　D 的确
52. A 传播　　B 开发　　C 打扮　　D 欣赏

53-56.

一次，一个有钱人邀请他的几个朋友 53 。他点了十几道大菜，自己却觉得味道一般而少动筷子。一位朋友看到这种情况，为他要了一杯冰水。等他喝完水后，朋友让他又尝了几道菜，问他味道怎么样，他说，现在菜的味道真 54 。朋友对他说，吃菜前先喝一口冰水， 55 是使味觉受到刺激完全释放出来，这样才能更加真切地感受到食物的美味。你现在事业做得很大，为什么反而感受不到成功的快乐？就是因为你对成功和幸福的感觉没有切身的 56 。这时候，也许一杯冰水，可以帮助你刺激和恢复感知功能，重新找到人生的方向。

53. A 跳舞　　　B 唱歌　　　C 吃饭　　　D 打球
54. A 好吃　　　B 不错　　　C 温暖　　　D 漂亮
55. A 目的　　　B 熟悉　　　C 感觉　　　D 方向
56. A 体会　　　B 建立　　　C 确定　　　D 允许

57-60.

有个渔夫有着一流的捕鱼技术，被人们尊称为"渔王"。然而"渔王"年老的时候非常苦恼，因为他的三个儿子的捕鱼技术都很 57 。

于是有一天他向路人诉说心中的苦恼："我真不明白， 58 我都毫无保留地传授给了他们，而且我教得很仔细很耐心，但是为什么他们总是做不好呢？"

路人说："这样说来，你的错误就很 59 了。你只传授给了他们经验，却没传授给他们教训，其实，没有教训与没有经验一样，都 60 ！"

57. A 精彩　　　B 容易　　　C 胜利　　　D 差劲
58. A 凡是我辛苦总结出来的经验　　　B 如果我辛苦总结出来的经验
    C 不但我辛苦总结出来的经验　　　D 因为我辛苦总结出来的经验
59. A 深刻　　　B 适合　　　C 明显　　　D 重要
60. A 可以提高他们的能力　　　B 不能提高他们的能力
    C 会让人觉得很可笑　　　　D 会让人认为你非常聪明

第二部分

第61-70题：请选出与试题内容一致的一项。

61. 下周日是植树节。去年植树节的时候我们单位在北京郊区种了一些树，后来我们还经常去给小树浇水。这两天我们又要回去看它们了。希望我们的小树一棵一棵都长得很好。

    A 下个星期天是植树节
    B 这是我们第一次去植树
    C 我们打算去那里植新的树
    D 单位组织大家一起去种树

62. 森林是生物种类最为丰富的地方。由于森林受到破坏，数千种动植物物种受到灭绝的威胁。森林正在以每年460万公顷的速度消失。

    A 数千种动植物灭绝了
    B 森林里动植物的种类很多
    C 气温低的地方的动植物的种类多
    D 雨水多的地方的动物跑的速度快

63. 为使衣物不掉颜色，我们可以采用下面的方法：一是减少洗衣次数，轻轻洗；二是洗衣服的时候加点盐；三是洗后要马上用清水冲干净，不要使洗衣粉留在衣服中；四是不要在阳光下晒，应放在阴凉通风的地方晾干。

    A 洗衣服时要多用点力
    B 衣服不能在阳光下暴晒
    C 洗衣服的时候都要加盐
    D 用洗衣粉洗衣服不容易掉色

64. 有一天，友情和爱情碰面了。爱情问友情："世上有了我，为什么还要有你的存在？"友情笑着说："爱情会让人们流泪，而友情的存在就是帮人们擦干眼泪！"朋友会偶尔为你担心、对你关心、替你操心、逗你开心、请你放心。

    A 爱情更包容
    B 友情比爱情更重要
    C 友情能够温暖我们受伤的心
    D 友情和爱情不会在两个人之间同时存在

65. 大概在距今五千年前的母系社会时期，茶就被中国人发现和利用了。此后的很长一段时期，茶一直被当做药服用。后来，由于人们种植的茶越来越多，同时，发现了茶具有让人头脑清醒的功能，制茶和饮茶才逐渐流行起来。

    A 茶是一种药
    B 中国种茶的不多
    C 很长一段时期茶被中国人当药用
    D 很早以前人们就知道茶有提神的作用

66. 上网对青少年来说不完全是一件好事。现在，青少年用于上网的时间越来越多，据调查，青少年用户平均每周上网时间500分钟左右，如果平均到每日，约70分钟左右。上网的青少年中，玩游戏者占62%，使用聊天室者占54.5%，这些都大量地浪费了学生的时间。

    A 青少年上网的时间还不算多
    B 青少年常常因为查找资料而上网
    C 青少年上网一定是一件非常好的事
    D 玩游戏、聊天儿浪费了青少年的大量时间

67. 两个相爱的人最初走在一起的时候，对方做一件很小的事情，另一方就会很感动。后来，他（她）要做很多的事情，对方才会感动。再后来，他（她）要付出更多更多，对方才肯感动。知足方能品味爱情真谛。

    A 恋人之间应该学会宽容
    B 恋人们应该懂得知足常乐
    C 相处时间越长，恋人们越懂得珍惜
    D 恋人刚认识的时候最不容易被感动

68. 司马台长城是明朝时修建的，距今四百多年，也是至今保留得最完整的一段明长城，但不是最古老的长城。长城并不是某一个特定的时间修建好的，最早的长城两三千年以前就有了。

    A 司马台长城修建于明朝
    B 最早的长城是两三百年前修建的
    C 长城主要是在明朝的时候修建起来的
    D 司马台长城是至今保留的最古老的长城

69. 有一只北极熊和一只企鹅在一起玩。企鹅把身上的毛一根一根地拔了下来，拔完以后，对北极熊说："好冷哦！"北极熊听了，也把自己身上的毛一根一根地拔了下来，转头对企鹅说："果然很冷！"

   A 当时天气不太冷
   B 企鹅和北极熊现在觉得很冷
   C 企鹅拔完毛以后觉得不太冷
   D 北极熊先把自己的毛拔下来了

70. "全国十二个，人人都有一个是什么？"我想了想，应该是十二生肖。古时候的中国人为了方便记住自己的出生年份，就找来了十二种动物来代替。

   A 十二生肖不是十二种动物
   B 每个人都有自己喜欢的一种动物
   C 十二种动物可以代表人们的出生年份
   D 古时候人们还没找到方法记自己的生日

第三部分

第 71-90 题：请选出正确答案。

71-73.

有个老人在河边钓鱼，一个小孩儿走过去看，老人技巧纯熟，所以没多久就钓上了很多鱼，老人见小孩儿很可爱，要把这些鱼送给他，小孩儿摇摇头，老人惊异地问道："你为什么不要？"小孩儿回答："我想要你手中的钓竿。"老人问："你要钓竿做什么？"小孩儿说："这些鱼很快就吃完了，要是我有钓竿，我就可以自己钓，一辈子也吃不完。"

你一定会说：好聪明的小孩儿。错了，他如果只要钓竿，那他一条鱼也吃不到。因为，他不懂钓鱼的技巧。光有钓竿是没用的，因为钓鱼重要的不在钓竿，而在钓技。有很多人认为自己拥有了人生道路上的钓竿，再也无惧于路上的风雨，如此，难免会走弯路。

71. 根据上文，下列选项正确的是：
  A 老人以前不认识小孩儿
  B 小孩儿接受了老人送的鱼
  C 小孩儿希望要老人手中的鱼
  D 老人钓了很久才钓到一筐鱼

72. 小孩儿想要老人的钓竿是因为：
  A 钓竿很漂亮   B 他想送给爸爸
  C 他觉得钓竿很有用   D 钓竿上有一条很大的鱼

73. 作者认为在人生道路上：
  A 不能害怕风雨   B 一定要多走弯路
  C 有了钓竿就有吃不完的鱼 D 重要的是懂得做事的方法

74-77.

有一次，一个推销员在街头推销气球。生意稍差时，他就会放出一个气球。当气球在空中飘浮时，就有一群新顾客围过来，这时他的生意又会好一阵子。他每次放的气球都变换颜色，起初是白的，然后是红的，接着是黄的。过了一会儿，一个小男孩儿拉了一下他的衣袖，并问了一个有趣的问题："先生，如果你放的是黑色气球，会不会上升？"气球推销员看了一下这个小孩儿，说："孩子，是气球内所装的东西使它们上升的。"

恭喜这个孩子，他碰到了一位肯给他的人生指引方向的推销员。"气球内所装的东西使它们上升"，同样，也是我们内在的东西使我们进步。关键在于你自己，你有权决定你的命运！

74. 推销员的工作是：
A 放气球　　　　　　　　　B 吹气球
C 卖气球　　　　　　　　　D 解答问题

75. 推销员为什么要放气球？
A 生意太好了　　　　　　　B 气球卖不完了
C 他觉得很无聊　　　　　　D 可以吸引顾客

76. 作者为什么要恭喜这个孩子？
A 孩子的人生改变了　　　　B 孩子得到了一个气球
C 孩子的气球升上了天　　　D 孩子知道了一个重要的道理

77. 作者认为：
A 人的外表决定一切　　　　B 人应该重视内在的东西
C 应该给人们更多的权利　　D 人们无法改变自己的命运

78-82.

他是个农民,但他从小便树立了当作家的理想。为此,他十年如一日地努力着。他坚持每天写作500字,一篇文章完成后,他反复修改,然后满怀希望地寄往远方的报纸、杂志社。可是,多年努力,他从没有只字片言变成铅字,甚至连一封退稿信也没有收到过。

29岁那年,他总算收到了第一封退稿信。那是一位他多年来一直坚持投稿的刊物的总编寄来的,总编写道:"……看得出,你是一个很努力的青年。但我不得不遗憾地告诉你,你的知识面过于狭窄,生活经历也显得相对苍白。但我从你多年的来稿中发现,你的钢笔字越来越出色……"

他的名字叫张文举,现在是有名的硬笔书法家。记者们去采访他,提得最多的问题是:"您认为一个人走向成功,最重要的条件是什么?"张文举答:"一个人能否成功,理想很重要,勇气很重要,毅力很重要。但,更重要的是,人生路上要懂得舍弃,更懂得转弯!"

78. 关于"他"的理想,我们知道:
　　A 他努力的时间不够长　　　　B 他很快就放弃了理想
　　C 他很想成为一名作家　　　　D 他长大后才知道自己想做什么

79. "他"的文章:
　　A 写得都很短　　　　　　　　B 写得非常好
　　C 修改过很多次　　　　　　　D 在报纸上发表过

80. 从总编的信中我们了解到张文举:
　　A 太不努力了　　　　　　　　B 经历很丰富
　　C 写作越来越好了　　　　　　D 优势不在写作上

81. 现在的张文举:
　　A 成了一名作家　　　　　　　B 喜欢采访别人
　　C 字写得非常好　　　　　　　D 在报社里工作

82. 文章告诉我们:
　　A 勇气非常重要　　　　　　　B 人必须有理想
　　C 坚持才能成功　　　　　　　D 要懂得适时放弃

83-86.

唐朝著名大诗人李白小时候不喜欢念书，常常逃学，到街上去闲逛。

一天，李白又没有去上学，在街上东遛遛、西看看，不知不觉到了城外。暖和的阳光、欢快的小鸟、随风摇摆的花草使李白感叹不已，"这么好的天气，如果整天在屋里读书多没意思。"

走着走着，李白看见在一个破茅屋门口，坐着一个满头白发的老奶奶，正在磨一根铁棒。李白觉得很奇怪，就走过去问："老奶奶，您在做什么？"

"我要把这根铁棒磨成一根绣花针。"老奶奶抬起头，对李白笑了笑，接着又低下头继续磨着。

"绣花针？"

"当然！"

"可是，铁棒这么粗，什么时候能磨成细细的绣花针呢？"

老奶奶反问李白："滴水可以穿石，愚公可以移山，铁棒为什么不能磨成绣花针呢？"

"可是，您的年纪这么大了？"

"只要我下的工夫比别人深，没有做不到的事情。"

老奶奶的一番话，令李白很惭愧。李白回去之后，再没有逃过学，每天学习特别用功，终于成了名垂千古的"诗仙"。

83. 李白小的时候：

　　A 学习很认真　　　　　　B 成绩很好
　　C 非常辛苦　　　　　　　D 经常逃学

84. 老奶奶在做什么？

　　A 做饭　　　　　　　　　B 绣花
　　C 缝衣服　　　　　　　　D 磨一根针

85. 李白明白了学习的时候一定要：

　　A 坚持不懈　　　　　　　B 尊敬老师
　　C 多思考问题　　　　　　D 多请教别人

86. 关于李白下列说法不正确的是：

　　A 是唐朝人　　　　　　　B 后来很成功
　　C 想学习磨针　　　　　　D 诗写得非常好

87-90.

中国云南有一个这样的传说：很久以前，纳西族的一对青年男女相爱了，双方父母却很反对。伤心的女孩儿为了爱情放弃了自己的生命。男孩冲破重重阻挠赶来时，女孩儿已经不在人世了，悲痛之中他抱着心爱的女孩儿的身体投入火海……女孩儿死后化为"风神"，她在玉龙雪山顶上营造了一个情人的天堂：没有苦难、没有苍老、无比美好的玉龙第三国，专门诱惑有情人，使他们和她有一样的结果。他们是纳西族传说里最早为爱而死的一对恋人……

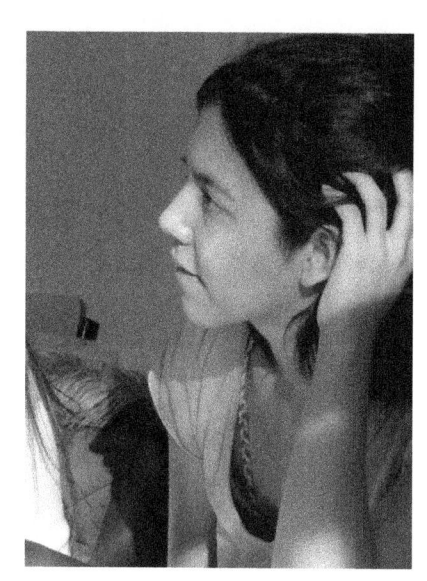

在丽江玉龙雪山顶上，每到秋分的时候，上天就会撒下万丈阳光，所有被阳光照耀过的人们都会获得美丽的爱情和美满的生活！可这招来了"风神"的嫉妒，因此，每到这天，天空总是乌云密布。人们的所有梦想都被那厚厚的云层所遮盖。"风神"善良的女儿，因为同情渴望美好生活的人们，就在那天，偷偷地把遮在云层里能给人们带来希望和幸福的阳光剪下一米，撒在悬崖附近的一个山洞中，让那些对爱情执着同时又不惧怕困难和危险的人们，可以在那天得到那一米阳光的照耀，过上幸福美满的生活！这就是"一米阳光"的美丽传说！

87. 那对青年男女：
　　A 后来分别结婚了　　　　B 生活得很幸福
　　C 为爱情放弃了生命　　　D 得到了父母的祝福

88. "一米阳光"出现在哪里？
　　A 风中　　　　　　　　　B 玉龙雪山
　　C 云层里　　　　　　　　D 玉龙第三国

89. "一米阳光"是谁带给我们的？
　　A "风神"　　　　　　　　B 纳西族的老人
　　C 那对青年男女　　　　　D "风神"的女儿

90. 传说看到"一米阳光"的人能够：
　　A 生活美满　　　　　　　B 找到好工作
　　C 得到很多钱　　　　　　D 变得很勇敢

三、书 写

第一部分

第 91-98 题：完成句子。

例如：发表　这篇论文　什么时候　是　的

　　　<u>这篇论文是什么时候发表的?</u>

91. 赶快　　进来　　现在　　把　　　衣服　　收

92. 暗　　　天　　　渐渐　　下去

93. 能　　　趟　　　他　　　过来　　一　　　　吗

94. 他　　　足球　　的　　　踢得　　非常　　棒

95. 喜欢　　她　　　商店　　逛

96. 印象　　对　　　我　　　北京　　留下　　深刻的　　了

97. 我　　　遇到　　了　　　在　　　邮局　　麻烦

98. 笔　　　他　　　被　　　走　　　拿　　　了

- 16 -

第二部分

第 99-100 题：写短文。

99. 请结合下列词语（要全部使用），写一篇 80 字左右的短文。

　　祝福、希望、虚心、生日、享受

100. 请结合这张图片写一篇 80 字左右的短文。

听力材料

（音乐，30秒，渐弱）

大家好！欢迎参加 HSK（五级）考试。
大家好！欢迎参加 HSK（五级）考试。
大家好！欢迎参加 HSK（五级）考试。

HSK（五级）听力考试分两部分，共 45 题。
请大家注意，听力考试现在开始。

第一部分

第 1 到 20 题，请选出正确答案。现在开始第 1 题：

1. 女：我记得电影是六点半开始，对吧？
   男：我刚看过票，是六点。
   问：关于女的，可以知道什么？

2. 男：有什么好事？你今天好像心情很好呢。
   女：我原来以为考试会考得很糟糕，真没想到考得还挺好的。
   问：女的是什么意思？

3. 女：王经理，那个项目你们考虑得怎么样了？
   男：我们老板出差了，你能再等两天吗？
   问：根据对话，可以知道什么？

4. 男：那个歌手什么时候才唱啊？我们都坐这儿等了半个小时了，我想睡了。
   女：应该快了，再等一会儿吧。
   问：他们最可能在做什么？

5. 女：快放假了，这个暑假你有什么打算？
   男：我想好好利用这个假期给自己充电，多看点儿书。
   问：男的准备怎么过暑假？

6. 男：最近是不是太累了？你怎么这两天总是忘事呢？

女：单位事情太多了，忙不过来。
问：关于女的，可以知道什么？

7. 女：昨天开会都说什么了？
   男：我昨天请假了，身体不舒服，你怎么也没去？
   问：根据对话，可以知道什么？

8. 男：你的这辆新车真不错，开了多长时间了？
   女：买了两个月了，不过我很少开，平时都是我丈夫开。
   问：根据对话，可以知道什么？

9. 女：听说你谈恋爱了，和女朋友相处得怎么样？
   男：还不错，她性格很好，挺会照顾人。
   问：男的是什么意思？

10. 男：这两天老觉得不舒服，吃饭也不香，不知怎么回事？
    女：你该学学我，每天锻炼，一点儿毛病都没有，以后我们一起跑步吧？
    问：关于女的，可以知道什么？

11. 女：李刚这篇文章写得不错，你拿去好好学习学习。
    男：好的，我一定认真看。谢谢王老师。
    问：他们是什么关系？

12. 男：快看，太阳马上要出来了，我已经看到光了。
    女：真漂亮，能在黄山上看到日出，我们太幸运了。
    问：他们现在在做什么？

13. 女：本次旅行由我来全程为你们讲解，有什么问题可以直接找我。
    男：姑娘，我们几点能到杭州？
    问：女的是做什么工作的？

14. 女：爸爸，爷爷的生日是几号？
    男：下个星期三，是20号。到时候家里会来很多客人。
    问：爷爷什么时候过生日？

15. 女：先生，您到几层？

男：12层，谢谢。

问：他们很可能在哪儿？

16. 男：我看咱家的花都干了，我明天出差，你记得给它浇点儿水。

    女：好，你不说我真把这事儿忘了，最近事情太多了。

    问：关于女的，可以知道什么？

17. 女：我要的货您发了吗？我周四就用，麻烦您尽快。

    男：我们昨天已经给您发货了，周三就能到。

    问：男的是什么意思？

18. 男：您好，请问是光明公司吗？我找一下王先生。

    女：您打8756这个号码吧，这是他的办公室电话。

    问：他们在做什么？

19. 女：请旅客们系好安全带，飞机马上就要起飞了。

    男：小姐，你看看我的安全带是不是坏了，怎么扣不上呢。

    问：他们说话的地点很可能在哪儿？

20. 男：您好，我是大众日报的记者，想采访一下贵校的校长。

    女：您稍等，我先查一下校长的安排，看看他今天有没有时间。

    问：女的是什么意思？

第二部分

第21到45题，请选出正确答案。现在开始第21题：

21. 女：您好，这是您的东西，请在这儿签上姓名。

    男：谢谢，速度还真快，是在这儿签字吗？

    女：对，您还需要付一下费用。

    男：好，十块钱对吧，给您。

    问：他们在做什么？

22. 男：你后天必须去上海吗？听说最近那儿的天气不太好。

    女：我看天气预报了，没关系，等我到了，那边天就晴了，别担心。

男：看来你运气不错。到了给我打个电话，我好放心。
女：知道了，我一定记得。
问：女的是什么意思？

23. 女：你们家墙上的画真不错，一定花了不少钱吧？
    男：是啊，我一眼就看中了，虽然贵，但是我们都喜欢，所以买了。
    女：贵有贵的道理。这幅画和你家的装修风格很一致，这个价格还可以。
    男：你真会说话。
    问：他们在谈论什么？

24. 男：明天早点儿起床吧，医院人多，早起一点儿能少浪费点儿时间。
    女：好，我把闹钟定到六点吧。要不明天我自己去吧？你还要上班呢。
    男：没关系，我陪你，我已经请好假了。
    女：那好吧。
    问：他们明天要去做什么？

25. 女：老板，这西瓜多少钱一斤？
    男：两块一斤，您想要多大的？我帮您挑。
    女：不要太大的，我们家就两个人。
    男：好，您看这个怎么样？
    问：根据对话，可以知道什么？

26. 女：我电脑出问题了，你能来帮我看看吗？
    男：好的，不过我今天没时间，明天下午行吗？
    女：可以，没问题，那明天下午我等你，有事的话你打我电话。
    男：好的，明天见。
    问：根据对话，可以知道什么？

27. 男：我已经到了，你什么时候到站？
    女：火车晚点十五分钟，我大概还有半小时才能到。
    男：行，那我等你。
    女：你可以先在周围转转。
    问：男的在做什么？

28. 男：上午打你手机关机了，明天的课你能帮我代一下吗？我有急事儿。
    女：手机上午没电了。明天没问题，我有时间。

男：太谢谢你了。周五我请你吃饭。
女：别客气，小事情。
问：女的是什么意思？

29. 女：学校最近有活动，每个月花十块钱，接所有的电话都免费。
    男：是吗？在哪儿啊？我也去办。
    女："明天商店"门前，听说今天是最后一天了，你抓紧时间吧。
    男：好，我这就去。
    问：男的想做什么？

30. 男：你们公司的那个方案什么时候能发过来？我想先看看。
    女：我下午就发给您，您如果还有其他要求可以告诉我们，我们尽量满足。
    男：谢谢，你们的服务挺周到的。
    女：这是我们该做的。
    问：关于女的，下列哪项正确？

第31到32题是根据下面一段对话：
男：妈，我们学校要组织去郊外旅游，你说我带点儿什么好？
女：什么时候去？去哪儿啊？天气热，多带些水和水果，我帮你准备吧。
男：星期六，不远，就在十渡附近。
女：好，把手机也带上，到时遇到什么事给我们打电话。
男：有我们老师在，你放心吧，我又不是小孩子了。
女：好吧。那你去拿碗吧，准备吃饭。
男：好。吃完我得好好收拾东西。

31. 儿子吃完饭打算做什么？
32. 妈妈觉得儿子应该多带什么？

第33到34题是根据下面一段对话：
女：于经理，您看了我们的教学环境觉得怎么样？有什么意见吗？
男：你们的教学环境不错，老师的教课水平也还可以，但我得回去和老板商量一下。过两天我再跟您联系吧。
女：好的，我们等着您的好消息。
男：好，那今天就不打扰了，我先告辞了。
女：那我让小王送您回去吧。希望咱们有机会合作。
男：好的，再见。

33. 女的可能从事哪个行业的工作？

34. 男的是什么意思？

第35到36题是根据下面一段话：

旅客们，大家下午好，欢迎您乘坐T61次从北京开往昆明的火车。我们将于今天下午三点从北京出发，明天下午六点到达昆明，行程共3050公里，列车行驶时间为二十七个小时。本次列车为特快专列，沿途将经过河北、河南、湖北、湖南、贵州和云南六省，分别在石家庄、郑州、武汉、长沙、贵阳等地有站，终点站为昆明。列车很快就要开车了，请您找好自己的座位坐好，列车五分钟后开车。谢谢！

35. 这列火车的终点站是哪里？

36. 这次列车途经几个省份？

第37到38题是根据下面一段话：

一个博物馆被偷了，丢了十件珍贵的文物，好在一枚珍贵的戒指没有被偷。警察经过多次努力也没有找到偷东西的人。后来采访时，记者问馆长："请问这次失盗共丢失了多少件文物？"馆长答："共丢失了十一件文物。"记者问："这些文物都很珍贵吗？"馆长答："是的，特别是一枚钻戒非常值钱！"没过多久，警察就破了案子。原因是这样的：偷东西的人听说他们偷的戒指非常值钱，就怀疑是对方偷了戒指，后来俩人因为这个打了起来，最后被警察抓住了。

37. 关于小偷，我们知道什么？

38. 根据上文，博物馆的馆长是个怎样的人？

第39到42题是根据下面一段话：

古时候，有一个农民，一天，他去地里干活儿，忽然有一只兔子跑过来。兔子跑得太快，不小心撞到了地里的一棵大树上，撞死了。这个农民很高兴，他心想：这样就有兔子吃了，我不用天天在地里辛苦地劳动了，只需要天天在这棵大树旁守候，就能得到很多兔子。但是他等了一天又一天，什么也没有等到，他的地也因为没有人种而长满了野草。大家看他不种地，天天等兔子，都笑话他。

39. 兔子为什么死了？

40. 农民捡到兔子后，心情怎么样？

41. 农民为什么后来不种地了？

42. 农民是一个什么样的人？

第 43 到 45 题是根据下面一段话：

  同事小李看我们几个家里养鱼，既丰富了家庭生活，又陶冶了情操，很是羡慕，自己也决定养几条。我们到他家去过几次，发现鱼缸里的鱼每次都有变化，好像长得比我们的鱼都快。

  昨天，我问他，你家鱼吃什么呀？你有什么养鱼高招啊？他说，其实养鱼挺麻烦的，每周要换一次水，我常常忘。后来我只好每周换一次鱼了。

  43. 同事们觉得小李家的鱼怎么样？
  44. 小李家的鱼为什么变化大？
  45. 根据本文，养鱼比较麻烦的是什么？

听力考试现在结束。

答案及解析

一、听力

听力共有45道题，分为两部分，其中第一部分20题，第二部分25题，涉及时间、地点、人物关系、数字、职业、态度等类型。

题号	答案	解析
1	C	时间题，记错时间了，应该是"六点"，她记得是"六点半"。
2	A	语气、态度题，"以为"表示自己想的情况和实事不一样，所以"以为考得很糟"，事实是不糟。
3	D	时间题，"再等两天"中"再+动词+时间"表示需要更多的时间，比如：再写一个小时就写完了。
4	C	细节题，需注意听文中的动词，"唱"、"等"、"睡"。
5	D	问计划、打算，注意听文中关键词语"充电"。"充电"表示已经工作的人利用课余时间继续学习。
6	A	原因题，"忙不过来"口语中常用词，表示工作太多，不能完成。"动词+不过来"经常表示因为事情，或者东西太多，不能完成。
7	B	此题要根据对话中细节进行总结，类似题型，要注意听信息点：可通过对话中的"请假""也没"等信息点知道，两人都没有去。
8	B	时间题，要特别注意时间词，如本文中"两个多月了"、"平时"。
9	C	人物题，本题信息点"不错"、"会照顾人"，这说明在选择时，答案一定是积极的内容。除去和对话完全没有关联的内容，答案应该选C。
10	A	观点题，"一点儿毛病也没有"指人的时候表示身体健康，指东西的时候表示东西没有坏。
11	D	人物关系题，对于人物关系题，一定要注意人物之间的称呼是怎样的。关键词："老师"、"经理"、"校长"、"爸爸"、"妈妈"
12	B	细节题，注意听关键词语"太阳"、"光"、"看到日出"。"要……了"表示事情很快发生。
13	A	职业题，注意听关键词语"旅行"、"讲解"。"由+某人+某事"强调某事是那个人做的，比如"这个项目由我负责"强调"我"负责这个项目。"讲解"意为解释说明的意思。
14	D	时间题，时间名词中，要注意"上"、"下"、"第二天"这些表达，如"上个星期"、"下个星期"、"20号到的，第二天我就直接回家了"。

15	C	地点题，本题信息点是"几层"。问到了量词，就要考虑什么场景下才会需要这样的表达。比如："您要几斤？"
16	A	推断题，根据上下文对话，女的说"最近事情太多了"，可知道她非常忙。
17	B	时间题，关于时间性的词一定要特别注意，文中出现了"周四"、"周三"，听的时候需要明确事情是在哪天完成的。
18	C	打电话题，此类题目可能会涉及的句子"请帮我转一下"、"留言"、"我帮你转告"、"接电话"、"挂电话"……
19	A	地点题，关于交通工具的动词需注意："（飞机）起飞"、"（飞机）降落"、"（火车）进站"、"（火车）出站"、"骑（自行车、摩托车）"、"坐（公交、地铁）"
20	D	职业题，与职业相关的动词："（记者）采访"、"（教师）讲课"、"（医生）检查身体"、"（秘书）写报告、记录"、"（运动员）踢、打"、"（演员）表演、演出"、"（导演）拍电影"等等。
21	D	推断题，根据"签字"、"速度快"、"付费用"这三个词，可推断是收发物品。
22	B	讨论天气的题目，关于天气的词有"晴"、"阴"、"刮风"、"下雨"、"多云"等等。
23	A	细节题，关键词语有"墙上的画"、"装修风格"，"看中"、"选中"、"挑中"都是表示找到满意的东西。
24	A	推断题，重点词"医院"。对于较复杂的场景回答，要排除一些干扰，如本题"加班"、"请假"等。
25	B	数字题，关于购物时常遇到的问句为"多少钱＋一＋量词？"，回答也一般为"×块＋一＋量词"。一般会遇到买东西的人讨价还价，注意听"买了"还是"没买"，以及购物者对物品的评价等。
26	C	解决问题的题目，东西坏的时候常会遇见的表达如："电脑坏了"、"手表不走了"、"电冰箱出毛病了"、"麻烦你，检查一下"、"修一下"、"什么时候能修好"等等。
27	C	推断题，关键词语有"到站"、"火车晚点"。关于时间早晚的用法，如"早到了半个小时"、"晚来了十分钟"、"来不及"、"来得及"、"还有十分钟才到"等等。
28	D	细节题，口语"小事情"的意思指：这不重要，这是一个小忙，是想告诉对方不用觉得不好意思。与"小事情"类似的表达有"小菜一碟"、"小意思"。
29	C	推断题，重点词"有活动"、"搞活动"可用在打折、促销的情况下。动词"办"的用法：办签证，办手续，办业务等等。

30	B	语气、态度题，捕捉关键信息点，"公司"、"方案"、"服务周到"这些词提供了交谈时的语境和说话时的态度。
31	B	第31到32题，商量议论，针对类似的男女对话，首先可以从答案中寻找到一些线索，根据答案的一部分提示来听，从31题答案部分，可以猜测问题会问"干什么"，从32题答案部分，可以猜测是问"什么东西"，这就是听题时的重点。本题重点词是"旅游"、"收拾东西"。
32	A	
33	A	33题是职业题，需要把握关键信息点，如对话中出现的"教学环境"、"教师"，就可以知道对话可能发生在哪儿，或者说话人是干什么的。所以在听的时候特别要注意一些与环境有关系的名词，比如"打印机"（可能在公司），"邮票"（可能在邮局），"现金、卡"（可能在银行，或者在商场购物）。
34	A	34题是细节题，关于询问对方意见，对方作答时，需要注意对方是赞成还是反对，还是需要再考虑一下等等。这个时候需要对"商量"、"考虑"、"讨论"、"好是好，不过……"、"但是"等词要特别敏感。
35	C	第35到36题属于场景分析题。做好这类题目要： 第一、把握对话环境，即在哪儿。注意文中的信息"旅客"、"火车"。 第二、与交通工具相关的词，"出发、终点站、起始站、到站"（火车），"起飞、降落、系好安全带"（飞机）等。 第三、把握时间，"今天下午3点"、"27个小时"、"5分钟后"等。 第四、把握地点，要明确有几个地方，没有哪些地方，去过哪儿，没去过哪儿，想去哪儿，一共提到了几个地点等。
36	B	
37	B	第37到38题是一个小故事，这类题目需要从三个方面入手。 第一、关于发生了什么、结果怎样，是听的时候的重点。 第二、关于一些有着特殊意味的词，要注意，本题关键词是"好在……"，表示"幸运的是，幸亏……"。题中说到"好在一枚珍贵的戒指没有被盗"可以知道戒指没有被偷。 第三、关于动词也要注意听，动作或者事情发生了还是没有发生。如文中"那枚戒指没有被偷"，"丢失了11件文物"，"被警察抓住了"。
38	A	
39	D	第39到43题，属于简单易懂的成语故事。其中39题和41题属于原因题，40题属于语气题，42题属于人物评价题。 需要重点把握动词，确定事情的发生、经过、结果。这里需要明确注意"了"、"没"、"还没"、"就要"、"将要"、"马上"、"眼看"、"已经"等。
40	C	
41	D	
42	C	
43	C	43题是比较题，44题是原因题，45题是情况说明题。重点把握动词，如文中出现的"养（鱼）"、"丰富（生活）"、"羡慕（邻居）"、"变化"、"长得快"、"换（水）"等等，这些动词串起了整个故事。
44	D	
45	A	

二、阅读

新 HSK 的阅读部分较以往的 HSK 有明显区别，一是题型上增加了"选出与试题内容一致的一项"这一部分；二是整个考查的侧重点真正放到了理解上，考生只要做到理解文意，答对题目就不难。我们以大纲及样题为依据，编制了本部分阅读题目。本模拟题与样题有同有异：试题风格和内容安排大致遵循样题的模式，可供考生练习用；词汇量比样题更大，能有效地帮助考生在练习的同时扩大词汇量，以便从容应对考试。下面我们分题型来对阅读部分具体地加以说明：

第一部分

阅读第一部分是从 46 题到第 60 题，共 15 题，要求考生选出正确答案。这一题型类似于以前 HSK 的阅读综合填空部分，主要考查实词的意义和用法。

考生作答此类题目时，只是读懂文章并不一定能够答对题目，在读懂的基础上会用，才能明确地知道该选择哪项。除此以外，考生在选择答案时不能仅凭空格所在的一句话作答，而应在理解整篇文章大意的基础上做出选择。

题号	答案	解析
46	C	考查动词的词义及用法。A 项"认识"后面一般是人或者事物；B 项"找到"后面一般跟隐藏的人或事物；空格后的句子是一个现象，只能说发现或看到什么现象，所以 C 项正确；D 项"安排"后面一般是事情。
47	B	考查名词，这是幼儿园里发生的故事，A 项"父母"和 D 项"姐姐"一般不会出现在幼儿园里，所以它们都不正确；分到包子是学生，不是"老师"，所以 C 项也不正确；前面讲到小班每人发两个，所以选 B"同学"。
48	D	考查形容词及用法。A 项"痛快"和 B 项"轻松"一般指的是心情；C 项"难受"可以和肚子搭配，但意思不对，明明只能吃两个包子，但他现在吃了四个，肚子一定会"难受"的，所以此项也不能选；明明一共吃了四个包子，根据意思，和肚子搭配的只能是 D。
49	A	考查句间的逻辑关系。前一句说"感受到这两个包子的好处"，根据句意，应该选 A；B 项"灵活"指的是动作敏捷或者处理问题的方式不死板，跟"感受包子的好处"没有关系；C 项"娱乐"指的是快乐有趣的活动，跟"吃包子"没有关系；D 项"追求"指的是用行动来达到某种目的，用来说幼儿园小朋友吃包子也不合适。

50	B	考查动词的词义和用法。A项"打听"是及物动词，不能直接接句子，后面要跟名词性结构，如打听消息等，所以此项不合适；B项"据说"意思是"听说"，用做插入语，加入或去掉都不影响文意，用在本句中很合适；C项"期待"后面的事情还没有发生，而"那座亭子，……是山里的一个人建的"这个事情已经发生了，所以也不能选；D项"感觉"作谓语，后面所接的事情是一种猜测，而"是山里的一个人建的"是个确定的事实，所以也不能选。
51	A	这里需要一个修饰"醉"的词，根据句意可知应选用一个与"爱喝酒"句意相反的词。A项"容易"是形容词，容易醉但爱喝酒符合文意，应该选择此项；B项"赶紧"后面加动词表示让对方快点做什么，用在这里不合适；C项"刚刚"是时间副词，表示刚才发生的，用在这里不合适；D项"的确"表示肯定，意思不合适。所以此题应该选择A。
52	D	主要考查哪个动词能够和"风光"搭配，并且意义合适。A项"传播"常用搭配为：传播知识/文化；B项"开发"常用搭配为：开发软件/智力；C项"打扮"后面一般搭配：打扮自己等，这三项和"风光"都不能搭配。D项"欣赏"常用搭配为：欣赏风光、景色、话剧等画面感比较强的事物，因此此题选D。
53	C	考查动词。A项"跳舞"，B项"唱歌"，D项"打球"都不符合后面的场景及意思；空格后面提到点菜，所以这里应该选C"吃饭"。
54	B	考查形容词及用法。A项"好吃"，一般说饭菜好吃，不说味道好吃；"味道真不错"正符合文意，因此应选B；C项"温度"一般形容气候；D项"漂亮"一般形容衣服或者环境，与"味道"都不搭配，因此都不能选。
55	A	考查句内逻辑关系，空格前面是行为，后面是表示行为的目标，喝冰水的目的是释放味觉，所以选择A项；B项"熟悉"的意思是知道、了解得清楚，跟"喝冰水"没有关系；C项"感觉"，D项"方向"都与"喝冰水"和"释放味觉"没有关系，所以都不正确。
56	A	只有"体会"能与"切身"搭配。
57	D	考查句间逻辑关系。A项"精彩"与后面渔王苦恼意思不符；B项"容易"不能形容技术；C项"胜利"不能与"捕鱼技术"搭配，前面也不能加"很"；顺承前一句"渔王感到很苦恼"，根据句意应选D。
58	A	考查固定搭配。"凡是……都……"搭配，选A；B项"如果"的固定搭配为：如果……就（那么）……；C项"不但"的固定搭配为：不但……而且……；D项"因为"的固定搭配为：因为……所以……。
59	C	考查形容词的词义及用法。这里只有"明显"可以形容错误。
60	B	顺承上一句的意思，说渔王的儿子们技术很差，所以应选B；A项与D项的意思与路人的意思相反，所以都不正确；路人是在帮助渔王找原因，不是在批评或者嘲笑他，所以C项也不合适。

第二部分

阅读第二部分是从 61 题到第 70 题，共十题，要求考生选出与试题内容一致的一项。这一题型是以往 HSK 没有的新题型。主要是考查考生对语料的理解能力和对细节的把握。

这一部分十道题目的语料多在六七十字左右，说明性语体较多。语料长度虽短，但每段语料都表达一个相对完整的意思，题目选项设置多针对语料主题或细节。考生作答此类题目时可先看看句首或句尾有没有主旨句。对于一些细节的考查，考生则应仔细对比选项表达的意思和原句的差别，以免造成错答。考生只要作答时能够在看懂文意的基础上细心点，应该就能很容易选对。

题号	答案	解析
61	A	根据第一句话可知答案应为 A；文中说去年植树节的时候已经去京郊植树了，所以这不是第一次去植树，因此 B 项错误；从文中"这两天我们又要回去看它们了"可以知道，今年不是去植新的树，也不是去种树，所以 C 项和 D 项都错误。
62	B	文中"数千种动植物物种受到灭绝的威胁"与 A 项"数千种动植物灭绝"不是一个意思，所以 A 项错误；"森林是生物种类最为丰富的地方"与 B 项同义；C 项与 D 项文中都没有体现，所以也不能选。
63	B	从文中"减少洗衣次数，轻轻洗"可以知道 A 项错误；"不要在阳光下晒"与 B 项同义，因此 B 项是正确答案；文中加盐的目的是使衣物不掉颜色，并不是洗所有的衣服都要加盐，所以 C 项错误；D 项在文中没有体现，所以也不能选。
64	C	根据"友情的存在就是帮人们擦干眼泪"、"对你关心"、"逗你开心"选 C。
65	C	细节题。A 选项是"茶是一种药"，而原文中说很长一段时期，茶一直"被当做"药服用，因此 A 项不对；B 项也是和文中的句子冲突的；根据"此后的很长一段时期，茶一直被当做药服用"可知 C 项正确；根据原文"后来人们才知道茶有让人头脑清醒的作用"可知 D 也不对。
66	D	这段话给出很多数据表明，青少年上网时间长、玩游戏和聊天者所占的比例高，因此说上网玩游戏和聊天占据了他们非常多的时间，选 D；A 项与短文意思相反，因此是错误的；从文中"上网的青少年中，玩游戏者占 62%，使用聊天室者占 54.5%"可以知道 C 项错误；从第一句话"上网对青少年来说不完全是一件好事"可以知道 C 项也是错误的。
67	B	最后一句"知足方能品味爱情真谛"是本段话的小结，所以选 B；A 项 C 项文中都没有体现，因此不能选；根据第一句话"两个相爱的人最初走在一起的时候，对方做一件很小的事情，另一方就会很感动"可以知道 D 项是错误的。

68	A	根据第一句可知 A 项正确；从文中"最早的长城两三千年以前就有了"可以知道 B 项错误；C 项在文中没有体现；从"但不是最古老的长城"可以知道 D 项错误。
69	B	这段话是一个小幽默，讲北极熊模仿企鹅的做法，拔掉毛后觉得很冷，选 B；从文中可以知道北极熊和企鹅感到很冷，所以当时的天气应该很冷，A 项错误；C 项与文中企鹅说"好冷哦"意思相反；文中说的是企鹅先拔的毛，所以 D 项也是错误的。
70	C	最后一句说明十二生肖是十二种动物，A 项错误；B 项不合适，本文不是讲述人们的爱好的，此句与文意无关；C 项是主旨句，根据句意，应该选 C；D 项与文意不符，因为文中说古时候用十二生肖正是记生日年份的好方法。

第三部分

新 HSK 阅读的第三部分由五篇文章组成，文章的长度一般在 300 到 550 字之间，每篇文章的做题时间一般在六分钟左右。

这些文章从题材方面来讲一般有以下几种类型：第一种类型的文章是关于中国传统文化的，通常是成语故事、传说和中国古今名人故事等。这些文章内容都与中国传统文化有关，有助于外国人了解中国丰富多彩的多民族文化。针对这类文章，考生在备考时就要有针对性地多读一些成语故事和古代名人的事迹，多读一些有关中国传统文化的书籍，加深对中华文化的认识和理解。

第二种类型的文章是哲理小故事，或生活中发生的小事。从这些哲理小故事和生活小事中人们能学会一些道理。

阅读题第三部分在出题方式上主要包括以下几种：细节题、猜词义题、原因题、主旨题，其中细节题所占的比例最大。

细节题通常考查考生抓住文章中的一些重要信息点的能力，这些信息点主要包括事情发生的时间、地点、人物，人们做了什么事情，怎样做的，人对事情的态度，人做某件事的目的、过程、结果以及和事件相关的一些重要的数字。这类题只要回到文章的相关部分，仔细对照一下，就可以做对了，关键是要细心。

故事型的文章一般都会通过故事告诉我们一个道理，主旨题一般考查这个道理是什么。主旨题一般这样提问"这篇文章告诉我们了什么？"、"这篇文章主要说什么？"、"本文的主要内容是什么？"、"作者认为……"。故事类的文章一般在最后一段揭示故事的含义，所以做主旨题的时候一定要注意这类揭示故事道理的话，从中我们一般就能找到答案。

题号	答案	解析
71	A	细节题，从"老人见小孩儿很可爱"这一句可以看出老人和小孩儿不认识，所以正确答案是 A 项。
72	C	原因题，询问某件事的原因。从"要是我有钓竿，我就可以自己钓，一辈子也吃不完"这句话可以找到小孩要钓竿的原因，所以答案为 C。
73	D	主旨题，这类题一般通过一件事告诉我们一个道理，这个道理就是故事的主旨。"因为钓鱼重要的不在钓竿，而在钓技"这句话就是故事告诉我们的道理：做事情要懂得方法，所以选 D。
74	C	细节题，"推销"就是"卖"的意思，所以选 C。A 项"放气球"，D 项"解答问题"推销员都做了，但这不是他的工作，只是他为卖气球顺便做的事情，所以不能选。B 项文中没有体现。
75	D	原因题，"当气球在空中飘浮时，就有一群新顾客围过来，这时他的生意又会好一阵子"，从这句话可以看出推销员放气球的目的是为了吸引顾客，所以选 D。A 项与文中"生意稍差时"意思相反，所以是错误的。
76	D	原因题，对照文章的最后一段可以看出 A、B、C 三项都是文中没有提到的，用排除法知道选 D。
77	B	主旨题，作者通过这个故事告诉我们"内在的东西使我们进步"，所以我们应该重视，选 B。
78	C	细节题，从文章中"他从小便树立了当作家的理想"可知选 C。
79	C	细节题，问某个东西怎么样。从"他反复修改"可以看出 C 对。
80	D	细节题，关于一件事，给出了很多细节。A、B、C 三项为干扰项，根据"你是一个很努力的青年"、"遗憾"、"生活经历……苍白"可以一一排除。从"你的钢笔字越来越出色"可知选 D。
81	C	细节题，问人物的情况。文章第三段一上来就说张文举现在是有名的硬笔书法家，所以选 C。
82	D	主旨题，问文章主要告诉我们什么道理。从张文举放弃不适合自己的作家理想，成为了一名书法家，可以看出应选 D。从文章最后一句话"一个人能否成功，理想很重要，勇气很重要，毅力很重要。但，更重要的是，人生路上要懂得舍弃，更懂得转弯！"可以知道 A 项、B 项都是错误的；张文举坚持了 20 年投稿，但他还是没有成功，所以 C 项与文意不符。
83	D	细节题，问人对事情的态度。"唐朝著名大诗人李白小时候不喜欢念书，常常逃学，到街上去闲逛"可见李白很不努力，所以选 D。
84	D	细节题，问人做了什么事情。"坐着一个满头白发的老婆婆，正在磨一根铁棒"，从这句话可以看出答案选 D。

85	A	主旨题，问通过老婆婆磨针的事情李白学到了什么。"于是回去之后，再没有逃过学，每天的学习也特别用功"，从这句话可以看出李白明白了做事要坚持不懈的道理，所以选 A。
86	C	细节题，选出不正确的。李白学会了一个道理，而不是想学磨针，所以选 C。
87	C	推理题，"悲痛之中他抱着心爱的女孩儿的身体投入火海……"，从这句话可以看出选 C。
88	B	细节题，问事情发生的地点。从"在丽江玉龙雪山顶上"、"撒在悬崖峭壁上的一个山洞中"可以看出答案为 B。
89	D	细节题，问做某件事情的是谁。"风神善良的女儿，因为同情渴望美好生活的人们……"从这一句可以看出答案选 D。
90	A	细节题，从"所有被阳光照耀过的人们都会获得美丽的爱情和美满的生活"可以看出答案选 A。

三、书写

第一部分

　　这一部分主要考查学生组词成句的能力。这些词由实词和虚词组成。实词主要考查学生的词汇量，如若不了解这些词，此题很难做对。同时，虚词主要考查学生是否掌握了汉语的一些基本的语法，如"把"字句和"被"字句等汉语中的特殊句式。要做好这类题，主要可以采取的方法是：

　　1. 扩大词汇量，掌握好五级词。试卷中的词整体来说不太难，基本上都在五级词的范围以内，因而扩大词汇量是答好这类题的关键。

　　2. 全面了解和熟悉汉语的基本语法以及使用这些语法来组词造句。我们将在答案解析中对这些语法点进行详细和全面的讲解、分析，大家要注意积累。

题号	答案	解析
91	现在赶快把衣服收进来。	这个句子是"把"字句，"把"字句结构为：主语＋把＋某人/某物＋动词＋补语。"把"字句的意思是：主语对某人/某物采取了某个动作，从而使某人/某物发生了某些变化。"把"字句是汉语的特殊句式，往往是考试的重点和难点，考生应该注意"把"字句中各个部分的位置。在91题中，由于91题是一个祈使句（命令句），该句的主语为"你"被省略掉了，"把"的介词为"衣服"，动词为"收"，补语位于动词后，表示动作"收"作用于"衣服"后所产生的结果，即"进来"。这句话中的"现在"是一个时间名词，位于"把"前，"赶快"是副词，表示"马上"的意思，也位于"把"前。因而此句最后的正确答案是：现在赶快把衣服收进来。
92	天渐渐暗下去。	这个句子主要考查的是趋向补语与动词或形容词的位置关系。趋向动词位于动词或形容词的后面做补语，即：动词/形容词＋趋向补语。此句中"暗"是句子的谓语；"渐渐"是一个副词，放在"暗"的前面修饰"暗"；"下去"是补语，位于"暗"后面，"暗下去"表示"开始暗并持续"的意思；"天"是"暗"的主语。因而此句的正确答案是：天渐渐暗下去。
93	他能过来一趟吗？	这个句子主要考查的是能愿动词与动词、动词与动量词之间的位置问题。能愿动词位于动词前，动量词位于动词后做补语，即：能愿动词＋动词＋动量词补语。此句中"能"是能愿动词，"过来"是动词，"一"和"趟"组合在一起形成动量词组。"吗"是一个表示疑问语气的助词。因而此句的正确答案是：他能过来一趟吗？

94	他的足球踢得非常棒！	这个句子主要考查的是当动词后有宾语，同时也有补语时，宾语和补语的位置问题。处理这种问题时，一般可以采取两种方法，一种是将宾语放到动词前做主语，动词后直接接补语：主语+动词+得+补语；另一种方法是宾语位于动词后，再重复一下该动词，然后再加补语：动词+宾语+动词+得+补语。此句中的"足球"本来可以做动词"踢"的宾语，但由于题目中只有一个动词"踢"，而动词后还有助词"得"，所以将"足球"提前，位于"踢"前，"踢"后直接接"得"，然后接补语"非常棒"，主语可以是"他的足球"，因而此句的正确答案是：他的足球踢得非常棒！
95	她喜欢逛商店。	这个句子主要考查的是心理动词和动作动词之间的位置关系，即：心理动词+动作动词。此句中的"喜欢"是表心理的动词，"逛"是一个动作动词，"逛"的宾语是"商店"，"逛商店"一起做心理动词"喜欢"的宾语，因而此句的正确答案是：她喜欢逛商店。
96	我对北京留下了深刻的印象。	这个句子主要考查的是介词"对"。"对"直接引出关涉的对象，语序是：主语+对+对的宾语+谓语。此句中的主语是"我"，"北京"为"对"关涉的对象，动词是"留下"，"了"是动态助词，位于动词"留下"后，"印象"是"留下"的宾语，"深刻"是形容词，修饰"印象"。因而此句的正确答案是：我对北京留下了深刻的印象。
97	我在邮局遇到了麻烦。	这个句子主要考查"遇到"、"麻烦"等一类较难的词。"在邮局"表示地点，"麻烦"是动词"遇到"的宾语，"了"是动态助词，位于动词"遇到"后。因而此句的正确答案是：我在邮局遇到了麻烦。
98	笔被他拿走了。	这个句子主要考查的是"被"字句各个成分的位置关系。"被"字句的基本结构是："受事者+被+施事者+动词+补语"。表示的意思是：受事者在施事者实施某种动作的作用下，产生了某种结果。此句中的受事者是"笔"，施事者是"他"，动词是"拿"，结果是"笔"受"他"实施动作"拿"以后所产生的变化"走"，即不在这里了，"了"是一个助词，位于"动词+补语"后。因而此句的正确答案是：笔被他拿走了。

第二部分

99题和100题是写作题，主要目的是考查考生组句成篇的写作能力，但两个题目的具体要求不同。

99题的要求是：使用所给定的五个词语写一篇有条理、结构完整的80字左右的文章。

五个词语的特点：

1.以实词为主。99题的词主要由名词（生日）、动词（祝福、希望、享受）、

形容词（虚心）组成。国家汉办样题"元旦、放松、礼物、表演、善良"中的词有名词（元旦、礼物）、动词（表演）、形容词（放松、善良）。目前，一般很少考虚词，如副词（就）、连词（所以）等。

2. 词语难易结合：有部分相对来说难一点儿的词，如"祝福"、"虚心"、"享受"。国家汉办样题中的"善良"也是较难的词。同时，也有部分容易一点儿的词，如"生日"和"希望"比较容易。国家汉办样题中的"礼物"和"表演"也比较容易。

在作答此类题时，要求一定要用上这五个词，但不要求按顺序使用，如并不是说在写作文的时候，"祝福"一定比"希望"先用。同时，这五个词的使用要在一篇完整的短文之中，而不是对这五个词分别进行造句。如，不能是"我祝福他。/ 我希望明天会更好。/ 我们一定要虚心。"以上这三个句子之间毫无联系，只是对"祝福"、"希望"、"虚心"进行的简单造句，这样拿不到及格分。

---

99 题写作示例

我生日的那一天，奶奶、爷爷特意从外地赶到我家给我过生日，家人聚在一起，大家给了我很多祝福，他们都希望我能每天健康、快乐成长。能收到这么多人的祝福，对我来说真是一种享受，我想，自己一定要好好努力，做一个聪明、勤奋和虚心的人。

---

100 题的写作要求：100 题与 99 题不同，它不要求使用固定的几个词语，而是根据给出的图片来写一篇 80 字左右的短文。有的考生没有看清题目的要求，在根据图片要求写作文的同时，还使用 99 题的词语，这样就增加了写作的难度，所以说作答时看清题目的要求非常重要。

在作答 100 题时，一共可以分两步来进行：

第一步：我们先通过 3-4 句话来描写这张图片讲的内容。"从这张图片，我们可以看到有三个男孩子正在教室讨论问题，他们是非常好的朋友，看上去很开心。"通过这三个句子可以说明图片的基本内容，大概能写到 40 个字左右。如果想描述得更详细一点，还可以加上："他们讨论得很热烈，面前都放着纸和笔。"但由于总共只要求写 80 字左右，所以在描述图片时不太适合写得太长。

第二步：在描写图片的基础上，我们还要写一段话，主要内容是：从这张图片我们可以得到哪些感受。"通过这张图片让我想到了朋友的重要性。中国人有句俗话，'在家靠父母，出门靠朋友'，朋友是我们生活中很重要的一部分。"这一部分大概也能写到 40 字左右，加上前面对图片介绍的文字，大概能达到 80-90 字左右。

	100 题写作示例

从这张图片，我们可以看到有几个男孩子正在教室讨论问题，他们是非常好的朋友，看上去很开心。这张图片让我想到了朋友的重要性。中国人有句俗话，"在家靠父母，出门靠朋友"，朋友是我们生活中不可缺少的一部分。

注意：99 题和 100 题的写作格式要求：

第一行最前面空两格，如：

		从	这	张	图	片	，	我	们
可	以	看	到	有	几	个	男	孩	子
正	在	教	室	讨	论	问	题	，	他
们	是	非	常	好	的	朋	友	。	

别忘了写标点符号，没有写标点符号的话，一般认为所写的文章不完整。在书写上，一个标点符号占一个格子。标点符号的使用如下：

，　　一般用在一句话的意思还没有表达完的小句后面。

。　　一般用在一句话的意思已经表达完的句子后面。

？　　一般用在疑问句（question sentence）的后面。

：　　一般用在需要解释（explain）的句子的后面。

："　"　一般用在说话人要说的话的外面。

模拟试卷（二）

新汉语水平考试
HSK（五级）

注　意

一、HSK（五级）分三部分：

　　1. 听力（45题，约30分钟）

　　2. 阅读（45题，45分钟）

　　3. 书写（10题，40分钟）

二、听力结束后，有5分钟填写答题卡。

三、全部考试约125分钟（含考生填写个人信息时间5分钟）。

一、听 力

第一部分

第1-20题：请选出正确答案。

1. A 菜不好吃
   B 菜太少了
   C 女的不舒服
   D 女的吃了不少

2. A 聚会人不多
   B 活动很多
   C 聚会很有意思
   D 男的没参加聚会

3. A 想买柜子
   B 柜子太小了
   C 不希望女的买
   D 裙子不适合女的

4. A 宾馆
   B 饭馆
   C 商场
   D 办公室

5. A 天太热了
   B 工作无聊
   C 男的太困了
   D 下午工作太多了

6. A 昨天没去
   B 女的没买到票
   C 演唱会不好看
   D 女的不喜欢演唱会

7. A 上网
   B 看电影
   C 看电视
   D 表演节目

8. A 男的和女的都没去
   B 女的去了男的没去
   C 男的去了女的没去
   D 女的和男的一起去了

9. A 女的病了
   B 女的想出院
   C 男的是医生
   D 女的是护士

10. A 男的要去上班
    B 男的现在很忙
    C 男的不喜欢礼物
    D 女的喜欢送别人礼物

11. A 宾馆
    B 饭馆
    C 家里
    D 火车上

12. A 喝饮料要付钱
    B 女的是促销员
    C 男的不想喝饮料
    D 饮料上市很长时间了

- 39 -

13. A 男的不算太胖
    B 女的觉得很奇怪
    C 女的觉得男的应该少吃
    D 女的觉得自己比男的还胖

14. A 火车站
    B 中关村
    C 下一站
    D 北京大学

15. A 女的年纪很大
    B 男的赔了很多钱
    C 价钱上不能再便宜了
    D 女的第一次来买东西

16. A 飞机票更贵了
    B 火车票也在打折
    C 飞机票已经买完了
    D 打折的飞机票很便宜

17. A 她喜欢加班
    B 她明天要去出差
    C 她的报告没完成
    D 她的家离这儿很近

18. A 找到了工作
    B 简历投了很多
    C 简历投得太少了
    D 觉得找工作不难

19. A 咖啡不要钱
    B 咖啡十元一杯
    C 蛋糕一元一个
    D 男的要了一杯咖啡

20. A 想提前交稿
    B 提前完成没问题
    C 认为提前交稿不好
    D 有信心做好这件事

第二部分

第 21-45 题：请选出正确答案。

21. **A** 郊区的房子
    B 市区的房子
    C 2000 左右的房子
    D 公司附近的房子

22. **A** 上班很累
    B 今天做什么
    C 今天的天气
    D 爬山很有意思

23. **A** 传真字太小了
    B 传真少了一页
    C 女的没收到传真
    D 男的忘了发传真

24. **A** 加班了
    B 喝酒了
    C 去北京了
    D 和同事聚会了

25. **A** 休息
    B 考试
    C 念书
    D 复习功课

26. **A** 面包
    B 面条
    C 炒菜
    D 包子

27. **A** 早上
    B 上午
    C 中午
    D 晚上

28. **A** 公园里
    B 停车场
    C 商场里
    D 马路上

29. **A** 星期一
    B 星期三
    C 星期六
    D 星期日

30. **A** 两个单人间
    B 两个双人间
    C 三个单人间
    D 一个单人间和一个双人间

31. **A** 商场
    B 汽车站
    C 飞机场
    D 火车站

32. **A** 女的的行李很轻
    B 男的是女的的朋友
    C 男的是出租车司机
    D 女的带了很多书

- 41 -

33. A 存钱
    B 取钱
    C 开账户
    D 买东西

34. A 开支票账户
    B 存一笔钱到账户
    C 办一张银行卡
    D 不要用这个账户买东西

35. A 买糖
    B 卖糖
    C 称糖
    D 看售货员

36. A 她很可爱
    B 她多给小孩糖
    C 她很喜欢小孩子
    D 她卖糖的方式很好

37. A 上海
    B 北京
    C 天津
    D 重庆

38. A 开车去
    B 坐车去
    C 坐飞机去
    D 坐火车去

39. A 因为他很勤劳
    B 为了给农田浇水
    C 他怕别人偷他的禾苗
    D 想看看禾苗长得怎么样

40. A 天气太热了
    B 禾苗快要死了
    C 他的儿子不听话
    D 认为禾苗长得太慢

41. A 半天
    B 一天
    C 两天
    D 三天

42. A 给田浇了水
    B 觉得让禾苗长高了
    C 把田里的草拔光了
    D 觉得自己力气很大

43. A 妻子不在家
    B 工作中遇到了难题
    C 儿子打扰他思考了
    D 找不到演讲的题目

44. A 地图很简单
    B 他以前拼过地图
    C 妈妈偷偷帮了他
    D 按人像拼地图很简单

45. A 儿子很聪明
    B 儿子不再吵闹了
    C 世界变得更好了
    D 儿子使他找到了演讲题目

二、阅读

第一部分

第 46-60 题：请选出正确答案。

46-48.

有一个小伙子叫阿布拉，他在城里 46 了一大笔钱，回家前他把这些钱都换成了黄金。回到家里后，他有点儿不 47 ，就把这些黄金埋在了土里。然后他想了想，又在上面插了一个牌子，上面写着："这底下没黄金"。他以为这样很安全。

一位老人经过此地，哈哈大笑说："48 ，这里一定有黄金。"结果老人真的挖出了黄金。

46. A 花　　　　B 找　　　　C 挣　　　　D 付
47. A 愿意　　　B 放心　　　C 喜欢　　　D 开心
48. A 这个人真好　　　　　　B 这个人太笨了
　　C 这个人真聪明　　　　　D 这个人太勤奋了

49-52.

一次，一个年轻人到一位前辈家去拜访。一进门，他的头就狠狠地 49 在了门框上，疼得他一边不住地用手揉搓，一边看着比正常标准低矮的门。出来 50 他的前辈看到他这副样子，笑笑说："51 ？可是，这将是你今天来访问我的最大 52 。一个人要想平安无事地活在世上，就必须时时刻刻记住'低头'。这也是我要教你的事情，不要忘记了。"

年轻人把这次拜访看成是人生中非常重要的一课，牢牢记住了前辈的教导。

49. A 栽　　　　B 撞　　　　C 踢　　　　D 放
50. A 需要　　　B 影响　　　C 信任　　　D 迎接
51. A 很累吧　　B 很高吧　　C 很痛吧　　D 很可笑吧
52. A 收获　　　B 特点　　　C 优点　　　D 危险

53–56.

很久很久以前,有一只猫很厉害,老鼠们都非常害怕它,于是,老鼠们在一起开会,53 用什么办法来解决这个问题。

会上,大家想出了很多方法,但都 54 。最后一只小老鼠站起来 55 了一个建议,他说在猫的脖子上挂个铃铛,只要听到铃铛一响,我们就知道猫来了,就可以马上逃跑。大家都很赞同这个建议,但有一只年老的老鼠坐在一旁,始终一声没吭。这时,他站起来说:"小鼠想出的这个办法非常好,56 ,派谁去把铃铛挂在猫的脖子上呢?"

53. A 商量　　　　B 选择　　　　C 介绍　　　　D 知道
54. A 行得通　　　B 行不通　　　C 很好　　　　D 很快
55. A 选　　　　　B 拉　　　　　C 挑　　　　　D 提
56. A 但没有铃铛　　　　　　　　B 但找不到猫
　　C 但有一个小问题　　　　　　D 但我们都不喜欢

57–60.

上周日,我在人才市场 57 了个摊位,想为单位招聘几个营销高手。

快中午时,我 58 找到了一个合适的人选。在谈待遇时,他说:"如果你们觉得我合适的话,我 59 也录用我女朋友。"我问为什么,他解释说:"我和女朋友是捆绑销售的,不 60 卖。"

要是一般人提出这样的条件,我肯定会当场拒绝,但我实在不想失去这个优秀人才,于是就打电话向老总请示。老总沉思片刻后说:"现在营销高手太难找了,我看就满足他的要求吧,权当买一赠一。"

57. A 放　　　　　B 约　　　　　C 摆　　　　　D 添
58. A 最快　　　　B 最早　　　　C 终究　　　　D 终于
59. A 喜欢　　　　B 愿意　　　　C 希望　　　　D 想要
60. A 单独　　　　B 单身　　　　C 一起　　　　D 独自

第二部分

第61-70题：请选出与试题内容一致的一项。

61. 宫保鸡丁是四川传统名菜，也是来华的留学生们最喜欢的中国菜之一。关于宫保鸡丁名字的由来，据说和中国清代一位担任"宫保"职位的官员有关。宫保鸡丁由鸡丁、干辣椒、花生米等炒制而成，它的味道是辣中略带甜酸。

   A 留学生不喜欢四川菜
   B 做宫保鸡丁需要用辣椒
   C 中国人不喜欢吃宫保鸡丁
   D "宫保"是一个老百姓的名字

62. 以前，中国人喝咖啡还是件稀罕事，可现在，朋友见面、恋人约会时，一起喝杯咖啡已是司空见惯的事情。在咖啡馆优雅的环境里，喝着香浓的咖啡，悠闲又舒服。居家或办公时，冲杯咖啡提提神也是很平常的事情了。

   A 咖啡使人心情糟糕
   B 中国人只在咖啡馆喝咖啡
   C 以前中国人很喜欢喝咖啡
   D 现在喝咖啡是很平常的事了

63. 由于社会和文化体系的不同，东西方人在思维方式上总会存在一些差异。中国人更多地注重整体或团体，而西方人更多地注重个体。两种思维方式没有优劣之分，只有互相了解，才能更有利于交流。

   A 西方人的思维方式更好
   B 西方人不喜欢个体差异
   C 东西方人之间需要更多的交流
   D 东西方人的思维方式没有差异

64. 北京有很多茶馆，其中最有名的是前门附近的老舍茶馆。在老舍茶馆，客人可以一边吃着、喝着，一边看传统的京剧、杂技等节目。老舍茶馆每天都吸引着不少中外游客来参观。

   A 前门附近有很多茶馆
   B 老舍茶馆离前门很近
   C 客人在老舍茶馆只能喝茶
   D 客人可以在茶馆里唱京剧

65. 我经常上"易趣网"买衣服和生活用品，上"当当网"和"卓越网"买书和唱片。这些网站都送货上门，我只需要坐在电脑前点一点鼠标就可以了！

    A 网上购物很方便
    B 网上购物很便宜
    C "我"很喜欢上网
    D 易趣网只卖生活用品

66. 在中国，人们打招呼并非只是说"你吃了吗？"，还常会根据环境、人物及人物的年龄灵活处理。比如遇到上班族，会问："最近忙吗？"遇到老人，会问："最近身体好吗？"遇到老师，会问："今天有课吗？"现在的年轻人见面说一声"Hello！"也已司空见惯。

    A 老人的身体都不太好
    B 中国人喜欢请别人吃饭
    C 中国人打招呼的方式有很多种
    D 中国年轻人的英语都非常好

67. 北京的房价这些年几乎一直在涨，每年涨幅不同，去年涨得特别厉害。今年年初还略有下跌，之后又重新涨起来。接下来房价不可能无限制上涨，涨到一定程度会稳定下来。现在房价又回落了不少。

    A 北京的房价都很高
    B 北京的房价没有下跌过
    C 北京的房价会一直涨下去
    D 现在北京的房价降低了一些

68. 21世纪，减肥似乎成为人们的一种生活方式。高强度的运动计划，清淡无味的减肥餐，昂贵无比的减肥药丸，遍地开花的健身俱乐部……这一切并没有让我们更苗条，胖子却好像越来越多了。

    A 减肥非常难
    B 减肥餐很好吃
    C 减肥变得很容易了
    D 减肥药价格很便宜

69. 4月17日至18日举办的"2010年河北省毕业生招聘会"上，一些企业不再强调工作经验和学历，而是突出了学习能力、个性、意志等个人因素，为喜欢挑战的毕业生提供了求职空间。

A 毕业生都不太喜欢挑战
B 学习能力、个性不重要
C 工作经验和学历非常重要
D 一些企业的招聘标准改变了

70. 一所大学的研究人员在对7000人进行长期跟踪后发现，习惯不吃早餐的人占到了40%，而他们的寿命比其余60%的人平均缩短了2.5岁。而另一所大学在一次对80-90岁老年人的研究中发现，他们长寿的共同点之一是：每天吃一顿丰盛的早餐。

A 大部分人早上都不吃早饭
B 吃早餐的人每天心情更好
C 老年人每天的早餐都很丰盛
D 吃早餐有助于延长人的寿命

第三部分

第 71-90 题：请选出正确答案。

71-74.

一群事业有成的学生回母校去探望大学时的老教授，大家在客厅里聊在校时的美好时光，但谈话很快就转换成了抱怨工作和生活中的压力。教授听了一会儿站起来，走进厨房。回到客厅时，教授的手里端着一大壶咖啡和各式各样的杯子，有瓷的、塑料的、玻璃的、水晶的，一些普通，一些昂贵，一些精致。教授让他的学生用这些杯子各自倒咖啡喝。

当所有的学生手里都端着一杯咖啡时，教授说："如果你们留心的话，你们就会发现，你们每人手里拿的都是精致的或者昂贵的杯子。对你们来说，只想要最好的东西，这是正常的，而这正是你们的问题和压力的根源。你们每一个人真正想要的是咖啡，而不是杯子，但你们有意识地选择了最好的杯子，并且关注对方的杯子。要知道生活才是咖啡，金钱和社会地位只是杯子，它们只是承载生活的道具，不能改变生活的质量。过于注重杯子，我们就享受不到香浓的咖啡。所以，不要让杯子驱使你，而应该享受咖啡。"

71. 这群学生：
    A 不喜欢喝咖啡   B 工作上不成功
    C 想回学校继续学习   D 工作和生活中有压力

72. 学生们喜欢什么样的杯子？
    A 玻璃的   B 便宜而且结实的
    C 很贵的或者很美的   D 普通的但质量很好

73. 教授认为：
    A 压力会让人进步   B 金钱和地位很重要
    C 咖啡可以改变人的生活质量 D 不要过分追求物质满足

74. 根据文章，下列说法正确的是：
    A 教授喜欢收集杯子   B 他们在厨房喝咖啡
    C 每个学生都选了一个杯子 D 教授给每人倒了一杯咖啡

75–79.

有一个年轻人，好不容易获得一份销售工作，勤勤恳恳干了大半年，非但毫无起色，反而在几个大项目上接连失败。而他的同事，个个都干出了成绩。他实在忍受不了这种痛苦。在总经理办公室，他惭愧地说，可能自己不适合这份工作。"安心工作吧，我会给你足够的时间，直到你成功为止。到那时，你再要走我不留你。"老总的宽容让年轻人很感动。他想，总应该做出一两件像样的事来再走。于是，他在后来的工作中多了一些冷静和思考。

过了一年，年轻人又走进了老总的办公室。不过，这一次他是轻松的，他已经连续七个月在公司销售排行榜中高居榜首，成了当之无愧的业务骨干。原来，这份工作是那么适合他！他想知道，当初老总为什么会将一个败军之将继续留用。

"因为，我比你更不甘心。"老总的回答完全出乎年轻人的预料。老总解释道："记得当初招聘时，公司收到100多份应聘材料，我面试了20多人，最后却只录用了你一个。如果接受你的辞职，我无疑是非常失败的。我深信，既然你能在应聘时得到我的认可，也一定有能力在工作中得到客户的认可，你缺少的只是机会和时间。与其说我对你仍有信心，倒不如说我对自己仍有信心。我相信我没有用错人。"

我就是那个年轻人。从老总那里，我懂得了：给别人以宽容，给自己以信心，就能成就一个全新的局面。

75. 关于年轻人，下列说法正确的是：
　　A 年轻人找工作很容易
　　B 年轻人失败了很多次
　　C 年轻人工作上不够努力
　　D 年轻人不喜欢他的同事

76. 年轻人第一次去总经理的办公室是为了：
    A 向经理汇报工作
    B 请经理给他换份工作
    C 向经理提出辞职请求
    D 告诉经理这份工作不好

77. 文中"骨干"一词的意思可能是：
    A 非常主动的人
    B 起主要作用的人
    C 失败很多次的人
    D 公司里正式员工

78. 当初老总为什么不接受年轻人的请求：
    A 公司非常缺人
    B 来公司面试的人不多
    C 年轻人会把客户都带走
    D 老总相信自己看人的眼光

79. 上文我们知道老总：
    A 很会赚钱
    B 非常失败
    C 对人很热情
    D 对员工很宽容

80-82.

鲨鱼的攻击性极强，只要被鲨鱼发现，很少有人能够逃生。不过，奇怪的是，海洋生物学家罗福特对鲨鱼研究了多年，经常穿着潜水衣游到鲨鱼的身边，与鲨鱼近距离接触，可鲨鱼好像并不介意他的存在。罗福特介绍说："鲨鱼其实并不可怕。可怕的是你一见到鲨鱼，自己就先害怕了。"

是的，的确如此。只要你见到鲨鱼时，心里不害怕，那么你就很安全。人在遇到鲨鱼时，心跳就会加速，正是那快速跳动的心脏引起了鲨鱼的注意。鲨鱼就是从那快速跳动的心脏在水中产生的感应波发现猎物的。如果在鲨鱼面前，你能够心情坦然，毫不惊慌，那么鲨鱼对你就不构成任何威胁，哪怕它不小心触到了你的身体，也不会实施任何侵犯，马上又从你的身边游走去寻找它的猎物去了。反之，如果你一见到鲨鱼就吓得浑身发抖，尖声惊叫，心跳加速，然后只想快点逃命，那么你注定会成为鲨鱼的一顿美餐。

80. 关于鲨鱼，下列说法正确的是：
   A 海洋里有很多鲨鱼
   B 鲨鱼喜欢听尖叫声
   C 人类是鲨鱼最喜欢的食物
   D 鲨鱼通过感应波寻找猎物

81. 下列哪种做法不会引起鲨鱼的注意？
   A 毫不惊慌
   B 浑身发抖
   C 大声尖叫
   D 心跳加速

82. 关于罗斯特，下列说法不正确的是：
   A 罗斯特只研究鲨鱼
   B 罗斯特不觉得鲨鱼可怕
   C 罗斯特是一位生物学家
   D 罗斯特研究了很多年鲨鱼

83-86.

两个同龄的年轻人同时受雇于一家公司，拿同样的薪水。可是后来，叫阿诺德的小伙子青云直上，而那个叫布鲁诺的小伙子却仍在<u>原地踏步</u>。

布鲁诺很不满意老板对他的不公正待遇。终于有一天他到老板那儿发牢骚了。老板一边耐心地听着他的抱怨，一边在心里盘算着怎样向他解释清楚他和阿诺德之间的差别。

"布鲁诺先生，"老板开口说话了，"您到集市上去一下，看看今天早上有什么卖的。"

布鲁诺从集市上回来向老板汇报说，集市上只有一个农民拉了一车土豆在卖。

"有多少？"老板问。

布鲁诺赶快戴上帽子又跑到集上，然后回来告诉老板一共40口袋土豆。

"价格是多少？"布鲁诺又第三次跑到集上问来了价钱。

"好吧，"老板对他说，"现在请您坐到这把椅子上，一句话也不要说，看看阿诺德怎么说。"

阿诺德很快就从集市上回来了，并汇报说，到现在为止只有一个农民在卖土豆，一共40口袋，价格是多少多少；土豆质量很不错，他带回来一个让老板看看。这个农民一个钟头以后还弄来几箱西红柿，据他看价格非常公道。昨天他们铺子的西红柿卖得很快，库存已经不多了。他想，这么便宜的西红柿老板肯定会要进一些的，所以他不仅带回了一个西红柿做样品，而且把那个农民也带来了，他现在正在外面等回话呢。

此时老板转向了布鲁诺，说："现在您肯定知道为什么阿诺德的薪水比你高了吧？"

83. 关于两位年轻人下列说法不正确的是：
  A 两人是兄弟
  B 两人年龄相同
  C 两人拿同样的工资
  D 两人在同一个地方工作

84. 文中画线的"原地踏步"最有可能是什么意思？
  A 随便逛逛
  B 不受欢迎
  C 到处乱走
  D 没有进步

85. 根据上文，我们知道这位老板：
    A 很贪钱
    B 很会讲道理
    C 喜欢买东西
    D 喜欢发牢骚

86. 下列信息中阿诺德没有了解到的是：
    A 西红柿的价钱以及数量
    B 土豆的价钱、数量和质量
    C 有多少人在卖土豆和西红柿
    D 集市上为什么只有一个人卖菜

87-90.

有一个旅行者在沙漠中行走，途中遇到了暴风沙。一阵狂沙吹过之后，他已认不得正确的方向。正当快撑不住时，突然，他发现了一座废弃的小屋。他拖着疲惫的身子走进了屋内。这是一间不通风的小屋子，里面堆了一些枯朽的木材。他几近绝望地走到屋角，却意外地发现了一个抽水机。

他兴奋地上前汲水，但是任凭他怎么抽也抽不出半滴水来。他失望地坐在地上，却意外发现抽水机旁有一个用软木塞堵住瓶口的小瓶子，瓶上贴了一张泛黄的纸条，纸条上写着：你必须用水灌入抽水机才能引水！不要忘了，在你离开前，请再将水装满！他拔开瓶塞，发现瓶子里，果然装满了水！

他的内心，此时开始交战着。如果将瓶子里的水喝掉，他现在就不会渴死，就能活着走出这间屋子，但不一定能支撑他走出沙漠。如果照纸条做，把瓶子里唯一的水现在倒入抽水机内，万一水一去不回，他就会渴死在这地方了。但如果真抽出水来，就足够他走出沙漠了。到底要不要冒险？最后，他决定把瓶子里唯一的水，全部灌入看起来破旧不堪的抽水机里。然后他用颤抖着的手汲水，水真的大量涌了出来！

他将水喝足后，把瓶子装满水，用软木塞封好，然后在原来那张纸条后面，再加上他自己的话：相信我，真的有用。

87. 那个小屋：
  A 主人不在家   B 门没有锁上
  C 里面有一些吃的   D 屋里存了很多水

88. 旅行者发现的抽水机：
  A 已经坏了   B 在小屋的外面
  C 上面有一个软木塞   D 需要倒些水进去才能用

89. 旅行者：
  A 很自私   B 忘了把瓶子装满水
  C 按纸条上说的做了   D 把瓶子里的水喝完了

90. 上文主要谈的是：
  A 沙漠里很缺水   B 该怎么使用抽水机
  C 如何在沙漠里找到水   D 取得之前先学会付出

三、书 写

第一部分

第 91-98 题：完成句子。

例如：发表　这篇论文　什么时候　是　的

　　　<u>这篇论文是什么时候发表的？</u>

91. 很少　　画　　他　　这样　　看到　　的

92. 南　　走　　她　　打算　　往

93. 让　　光了　　东西　　他　　吃

94. 该　　翻译　　怎么　　这句话

95. 跟　　父母　　住　　一起　　她　　在

96. 一样　　她　　长得　　花　　像　　漂亮

97. 对　　我　　都　　这件事　　一点儿　　不了解

98. 她　　收拾　　房间　　了　　已经　　完

第二部分

第 99–100 题：写短文。

99. 请结合下列词语（要全部使用），写一篇 80 字左右的短文。

会议、乐观、积累、告诉、密切

100. 请结合这张图片写一篇 80 字左右的短文。

听力材料

（音乐，30秒，渐弱）

大家好！欢迎参加HSK（五级）考试。
大家好！欢迎参加HSK（五级）考试。
大家好！欢迎参加HSK（五级）考试。

HSK（五级）听力考试分两部分，共45题。
请大家注意，听力考试现在开始。

第一部分

第1到20题，请选出正确答案。现在开始第1题：

1. 男：你怎么吃这么少啊？
   女：有点儿不舒服，没胃口。
   问：根据对话，可以知道什么？

2. 女：昨天的聚会怎么样？
   男：来的人不多。
   问：根据对话，我们知道什么？

3. 女：这条裙子颜色、样式都很不错，我想买。
   男：家里的柜子已经装不下了。
   问：男的是什么意思？

4. 男：剩这么多有点儿浪费。
   女：没事儿，打包带回去吧！
   问：对话发生在哪儿？

5. 女：以前都喝果汁儿，最近怎么喝起咖啡来啦？
   男：没办法，夏天了，一到下午就困。
   问：男的为什么要喝咖啡？

6. 男：昨天晚上的演唱会怎么样？
   女：白跑一趟，票太火了。
   问：根据对话，可以知道什么？

7. 男：才几分钟啊？又播广告。
   女：别生气，要不咱们换个台吧。
   问：他们在做什么？

8. 男：看，这几张就是我在那儿拍的，很美吧？
   女：嗯，是挺美的，真后悔没跟你一起去。
   问：从对话里我们能够知道什么？

9. 女：请问我妈妈什么时候能出院？
   男：她的情况还不是特别稳定，需要再观察观察。
   问：根据对话，我们知道什么？

10. 女：您好，能帮我们填一下问卷吗？我们有礼品相送。
    男：对不起，我现在赶时间。
    问：根据对话，我们知道什么？

11. 女：双人间一百五一天，单人间八十一天。
    男：我要两个单人间。
    问：对话发生在哪儿？

12. 女：这是我们公司新推出的饮料，欢迎免费品尝。
    男：正好，我也有点儿渴。
    问：根据对话，我们知道什么？

13. 男：哎呦，我又胖了，这可怎么办啊？
    女：以后少吃点儿就好了。
    问：女的是什么意思？

14. 男：您好，我想去北京大学，该在哪一站下车？
    女：下一站下车，换307路，到中关园站下车就到了。
    问：男的要去哪儿？

15. 女：我总来您这儿，就不能再优惠点儿？
    男：再优惠我们可真的就要赔了。
    问：关于对话，我们知道什么？

16. 男：听说现在机票打折打得很厉害。
    女：是啊，坐飞机有时候比坐火车都划得来呢。
    问：根据对话，我们知道什么？

17. 男：都八点了，还不走啊？
    女：没办法，报告写不完明天就没法交差啊！
    问：女的为什么还不走？

18. 男：最近工作找得怎么样？
    女：别提了，简历投了不少，面试却没几个。
    问：关于女的，我们知道什么？

19. 女：你好，买十元的蛋糕再加一元就可以送您一杯咖啡，请问您要吗？
    男：好的，那就来一杯吧。
    问：关于对话我们知道什么？

20. 男：你能不能提前几天交稿啊？
    女：要是提前的话我就没法儿保证质量了。
    问：女的是什么意思？

第二部分

第21到45题，请选出正确答案。现在开始第21题：

21. 男：请问你想要租什么价位的房子？
    女：我想租每月一千元左右的。
    男：你介意在郊区租吗？
    女：那倒没关系，交通方便就行。
    问：女的可能会租哪儿的房子？

22. 男：忙了这么多天，今天突然不用去上班了，都不知道做什么好了。
    女：去博物馆怎么样？
    男：我想活动活动。
    女：那我们就去爬山吧。
    问：他们在讨论什么？

23. 男：李小姐，你好，我发过去的传真你收到了吗？
    女：刚才收到了，但是好像没有收到第三页。
    男：是吗？那我把第三页再发一遍。你收到了回复我吧。
    女：好的，谢谢你。
    问：关于传真，我们知道什么？

24. 女：今天怎么了？看起来怎么没有精神呢。
    男：昨天喝得有点儿多。
    女：有什么高兴事儿啊，喝这么多？
    男：十来年没见的老同学来北京了，我得好好招待一下。
    问：昨天男的做什么了？

25. 女：这么晚还不休息啊？
    男：没办法，明天要考试了，还没复习完。
    女：你要是上星期多花点儿时间念书不就好了嘛。
    男：现在说什么都晚了，还是好好复习吧。
    问：男的明天做什么？

26. 男：饭做好了吗？
    女：还有一个菜就好了，饿了吧？
    男：嗯，中午吃得太少了。
    女：冰箱里有面包，先吃点儿吧。
    问：他们晚上吃什么？

27. 男：看演出的人真多啊！
    女：是啊，差点儿就没买到票。
    男：对了，我们怎么回去啊？坐公交车还是打的？
    女：都十一点了，估计没有公交车了。
    问：对话可能发生在什么时间？

28. 男：对不起，小姐，您不能把车停在这儿。
    女：为什么？这不是公共的吗？
    男：对不起，这是仅供内部员工使用的停车场。
    女：哦，对不起，我马上开走。
    问：对话发生在哪儿？

29. 女：你怎么还不起床啊，都八点半啦。
    男：今天星期六，让我多睡会儿吧。
    女：你不是说今天早上一起去跑步吗？
    男：我竟然把这事儿给忘了。行，我马上起床。
    问：今天星期几？

30. 男：你好，我想订一个双人间，一个单人间。
    女：很抱歉，没有双人间了。
    男：那就三个单人间吧，多少钱一天？
    女：150元一天，提供早餐。
    问：男的预订了几个房间？

第31到32题是根据下面一段对话：
    男：你好，请问你要到哪里？
    女：到火车站。您能帮我把行李放到行李箱里吗？
    男：好的，等我一下，我先把车停在比较合适的位置。小姐，行李在哪儿？
    女：就在那里。
    男：真重啊，您都带了些什么？
    女：是一些礼物。请小心一点儿，有的很容易碎。

31. 女的要去哪儿？
32. 关于对话，我们知道什么？

第33到34题是根据下面一段对话：
    女：你好。我想开立一个账户，但我不知道要开哪种账户。
    男：您经常存钱和取钱吗？
    女：不，我不经常存钱和取钱。
    男：那您开账户主要想做什么？
    女：我主要是想把工资存入这个账户。
    男：那给您办张银行卡吧。您认为怎么样？
    女：行，开账户需要先存一笔钱进去吗？
    男：可以不存。

33. 女的想做什么？
34. 男的给了女的什么建议？

第35到36题是根据下面一段话：
    一个小孩儿到商店里买糖，总喜欢找同一个售货员。因为别的售货员卖糖的时候都是先抓一大把，拿去称，多了的糖他们会一颗一颗拿走。但那个售货员，则每次都抓得不多，不够的话再一颗一颗往上加。虽然最后拿到的糖在数量上并没有什么差别，但小孩儿就是喜欢后者。生活中很多时候也是这样，做事的时候，付出相同，如果方法不同，最终给别人的感受是不一样的。

35. 小孩儿去商店做什么？
36. 小孩儿为什么喜欢找同一个售货员？

第37到38题是根据下面一段话：

女士们、先生们，早上好！我是你们的导游小海，欢迎各位来到首都北京。今天是旅程的第一天，我将带大家去故宫游玩。请大家记住我们的车牌号是D10332，到时不要上错车了。我的电话是13118145678，如果您有什么事可以打电话给我，我会随时为您效劳。祝你们此次旅行一帆风顺！

37. 他们在哪个城市旅游？

38. 他们怎么去目的地？

第39到42题是根据下面一段话：

宋国有一个农民，他总希望自己田里的禾苗长快点儿，于是就天天到田边去看。

可是，一天、两天、三天过去了，禾苗好像一点儿也没有往上长。他在田边着急得转来转去，心里想："我得想办法帮助它们生长。"

一天，他终于想出了办法，急忙奔到田里，把禾苗一棵棵地向上拔，从早上一直忙到太阳落山。

他回到家里，十分疲劳，但却很得意地对他的儿子和妻子说："今天可把我累坏了，力气总算没白费，我帮所有的禾苗都长高了一大截。"

他的儿子听了，急忙跑到田里一看，禾苗全都死了。

39. 农民为什天天去田边？

40. 农民为什么很着急？

41. 农民拔禾苗拔了多长时间？

42. 农民为什么很得意？

第43到45题是根据下面一段话：

一个星期日的上午，一位演说家正在思考自己明天演讲的题目，妻子出去购物了，淘气的儿子在旁边搅得他很心烦。他实在不知该如何让儿子安静下来，忽然看见身旁的一本杂志，灵机一动，扯下了封面，这是一张世界地图，背面是人像。他把它撕成了很多块，然后交给淘气的儿子，让他到旁边把已成碎片的世界地图重新拼接好，如果拼好了就给他十块钱。

父亲以为这件事足够儿子忙乎一阵子了，可是才不过十分钟，就响起了敲门声。儿子站在书房门口，手里拿着的正是他用碎片拼起来的世界地图！

父亲惊异于孩子的速度，问他是如何在这么短的时间内完成的。儿子很是得意："我先按人像来拼碎片，然后翻过来就是地图了。只要'人'好了，'世界'也就好了。"

父亲心中一动，把十块钱给了孩子，说："儿子，感谢你的提醒，你使我想好了明天的演讲题目——只要人好了，世界也就好了。"

43. 父亲为什么很心烦？

44. 孩子为什么很快就拼好了地图？

45. 父亲为什么要感谢儿子？

听力考试现在结束。

答案及解析

一、听力

题号	答案	解析
1	C	细节题。"没胃口"表示不想吃东西。"有点儿不舒服"中"有点儿+形容词"表示不喜欢、不满意。
2	A	细节题。重点信息:"来的人不多"
3	C	语气、态度题。"装不下"表示没有足够的地方装。"动词+不下"表示没有空间,地方不够。例如:这个房间太小了,住不下四个人。
4	B	地点题。"打包"通常用在餐厅吃饭后,没吃完的部分放到饭盒里,带回家。
5	C	原因题。"一……就……"表示某种条件下,一定会发生某事。例如:我一喝酒就脸红。
6	B	细节题。"票太火了"表示票非常受欢迎,在口语中"火"可以表示"受欢迎"的意思。例如:最近这部电影很火。
7	C	情景题。"要不……吧"表示建议。重点信息:"播广告"、"换台"
8	C	重点信息:"拍",与之搭配的词有"电影"、"照片"等,本题所指内容是"拍照片"。
9	C	从"出院"可知对话发生在医院。相关词汇:住院、检查身体、排队、挂号、开药……
10	B	"赶时间"通常用在时间不够了、来不及的情况下。相关词语:赶火车、赶飞机、赶不上、赶得上……
11	A	地点题。重点信息:"单人间"、"双人间"
12	B	重点信息:"免费品尝"、"正好"。"正好"与"刚好"同义,表示碰巧,还可以表示大小、肥瘦很合适的意思。例如:这双鞋我穿着正好。
13	C	"多/少+动词+(一)点儿"表示劝告、建议的意思。例如:你应该少喝点儿酒,多喝点儿牛奶。
14	D	地点题。重点信息:"下一站"、"下车"。这类题还需要注意的是地名。在哪一站上,在哪一站下,要经过几站。
15	C	"再优惠我们可就要赔了"中"再……就……"表示如果再一次发生(或持续)这样的情况,一定会有什么样的结果。例如:你再不起床就要赶不上飞机了。

- 64 -

16	D	"划得来"表示很值得,花了很少的钱买到了很好的东西。相关词:划算、值得、实惠。例如:在环境优美的郊区买房子非常划得来。
17	C	原因题。"交差"表示完成工作任务后把结果报告给领导。
18	B	"别提了",表示遇到了不开心的、麻烦的事情。 重点信息:"简历投了不少"
19	D	重点信息:"买……加……送……",需要注意动作的先后顺序。
20	C	"提前",表示比原定时间早,反义词"推迟"。
21	A	地点题。"介意……吗"的意思是"对……有意见吗"是一种礼貌的方式。例如:你介意我坐在这个位置吗?
22	B	主旨题。重点信息:"去博物馆"、"活动活动"、"爬山"
23	B	细节题。与办公室相关的词汇:打印机、复印机、传真、发送邮件、回复邮件
24	B	"怎么没有精神呢?"中"怎么……呢"是反问句,用于强调。例如:他怎么同意签合同了呢?(他应该不同意签合同。)
25	B	关于考试的词汇:复习、准备、考上了、没考上、通过了、补习、辅导
26	C	"还有一个菜就好了"中"还"表示将来的情况。例如:还有两页我就看完这本书了。
27	D	时间题。"差点儿没……"后面如果接的是说话者心中期待发生的事情,那么这个事情就发生了,如"差点儿没考上大学",表示考上大学的意思,本题中的"差点儿就没买到票","买到票"是说话者心中期待发生的事情,所以是"买到票了";如果后面接的是说话者不期待发生的事情,那么这个事情就没有发生,如"差点儿没撞到车","撞到车"是说话者不期待发生的事情,所以这个事情没有发生,表示没撞到车的意思。
28	B	地点题。"这是仅供内部员工使用的停车场",可以知道对话发生在停车场。
29	C	时间题。"都八点半了"中"都"的意思是"已经"。例如:他都六十岁了,还在坚持工作。(他已经六十岁了。)
30	C	同第一部分第11题。
31	D	31题是地点题,32题是细节题。 这段对话重要的是把字句。从"把行李放到行李箱里"和"把车停在比较合适的位置"可以知道对话是关于出租车司机和乘客的。 还需要注意的就是类似对话中关于出发地以及终点的信息,这是听力中常考的点。
32	C	
33	C	本题重点考查的是关于银行的词汇:存钱、取钱、开账户、户头、办银行卡、办信用卡、转账、把……换成……
34	C	

35	A	重点信息：抓一大把、一颗一颗拿走、一颗一颗往上加。这篇听力要根据上下文的意思，按照事情发展的先后顺序来选择。
36	D	
37	B	这段话非常口语化，主要通过里面的重点词汇来判断场景、人物关系、地点、时间等。 重点信息：导游、游玩、车牌号
38	B	
39	D	这是一个成语故事，故事性很强，要求学生注意听事情的前因后果，先后顺序。明确了这些，在选择答案时自然就会容易些。 重点信息：长快点儿、着急、想出办法、拔、得意、全都死了 "力气没白费"中"白＋动词"的用法有两种情况："白＋动词＋了"（表示做了和没做的结果一样），"没＋白＋动词"（做了得到了好的结果）。 例如：他吃了很多减肥药也没有瘦，白减肥了。（他还是和没减肥的时候一样胖。）
40	D	
41	B	
42	B	
43	C	本段中出现最多的是动词，在听力考试中动词也是要重点注意的，如本题的：思考、演讲、搅、扯下、撕成、交给、拼好、响起了、翻过来、提醒。
44	D	
45	D	根据对动词的理解就可以听懂文章大概的意思。

二、阅读

题号	答案	解析
46	C	"回家前他把这些钱都换成了黄金",因此应该是先"挣钱"才换成了"黄金",选C;A项"花"与D项"付"之后钱都没有了,不能再换成黄金了,所以错误;B项"找"与钱不搭配。
47	B	"一大笔钱"换成了黄金,他不放心,选D。A项"愿意"一般用在别人征求自己意见时;C项"喜欢"与D项"开心"表示心情,跟他把黄金埋在土里没有关系,所以不能选。
48	B	自己埋了黄金却还在上面写上"这个地方没有黄金"说明这个人很笨,选B。
49	B	考查动词及搭配,用手"栽、放",用头"撞",用脚"踢",这里应该是头撞了门框,所以选择B项。
50	D	主要意思是年轻人的前辈从家里出来接客人,根据句意,应该选择D。这种有具体语境和行为动作的场景应选用动作性强的词语。A、B、C都不合适。
51	C	主要考查句子之间的衔接,前面讲年轻人被门框撞了,前辈看到了这一情景表示关心,应该问撞疼了没一类的句子,因此应该选择C,这样才跟整个文章意思保持一致。
52	A	考查名词。年轻人来拜访前辈希望有所得,这叫"收获"。"优点、特点"是自身就有的,"危险"与文意无关。
53	A	考查动词。老鼠们怕猫,所以在一起商量用什么方法来对付猫,选A;B项"选择"是从现有的中进行选择,老鼠们开会的时候并没有现成的办法,所以B项错误;C项"介绍"一般是一方讲,另一方听,开会的时候没有知道办法的老鼠,所以没有老鼠能"介绍";D项"知道"也与文意不符。
54	B	根据关联词语可以知道"虽然有了很多方法,但都不行",选B;A项与C项与文意相反,不能选;方法不与"很快"搭配,所以D项也不正确。
55	D	固定搭配,"建议"的动词是"提",选D。
56	C	两个句子之间具有转折关系,"派谁去把铃铛挂在猫的脖子上呢"是年老的老鼠提出的问题,选C;从文章最后一句话可以知道老鼠们有铃铛也能找到猫,所以A项和B项都不能选;D项与前面"办法非常好"矛盾,所以也不正确。
57	C	固定搭配,"我想为单位招聘几个营销高手",所以在人才市场摆了摊位。选C。

58	D	招聘会到中午时才找到合适的人，所以是"终于"，选D；A项"最快"与B项"最早"与文意不符，不能选；C项"终究"的意思是"毕竟、到底"，意思不符。
59	C	考查动词。应聘者提到如果要自己，希望也招聘自己的女朋友，在这里选C。
60	A	因为应聘者希望录用自己和自己的女朋友，所以不单独卖，选A；B项"单身"用来指没有结婚的人；C项"一起"与前面的"捆绑"是一个意思，但"一起"前面加"不"意义正好相反；D项"独自"指的是自己一个人，不能指商品等事物。
61	B	细节题。主要介绍中国的一道特色川菜宫保鸡丁。留学生喜欢宫保鸡丁与他们喜不喜欢川菜无关，所以A项错误；B项正确，辣椒是做宫保鸡丁不可少的原料，C项错误，宫保鸡丁是四川的传统名菜，很有名，也就是非常受欢迎；D项"宫保"是一个官名，非老百姓的名字，所以D项错误。
62	D	细节题。主要介绍中国人喝咖啡习惯的变化，现在中国人已经习惯喝咖啡，选D；从最后一句话可以知道，A项和B项都是错误的；从第一句话可以知道C项是错误的。
63	C	细节和主旨同时考查。"两种思维方式没有优劣之分"排除A；"西方人更多地注重个体"排除B；"东西方人在思维方式上总会存在一些差异"排除D。选C。
64	B	细节题。B"老舍茶馆离前门很近"与文中"前门附近的老舍茶馆"的意思相符合，选B；从文章第一句话可以知道A项错误；从文中可以知道客人在老舍茶馆可以吃、喝，还可以看京剧、杂技等节目，所以C项、D项错误。
65	A	细节题。讲述网络购物的问题。讲到了网络购物的便利之处，但并未涉及价格和网络购物的商品类型等问题，所以B、D两项错误；C项"'我'很喜欢上网"意义太宽泛，并未特意指出是网络购物的问题，所以不合适；应该选择A项。
66	C	主旨题。主要讲述中国人打招呼的方式比较多，如"吃了吗"、"最近忙吗"等，选C；文章讲的只是打招呼的方式，与说的内容没有关系，所以A项、B项、D项都不正确。
67	D	细节题。D"现在北京的房价降低了一些"与文中"现在房价又回落了不少"意思一样，"回落"即"下降"的意思，选D；文章讲的是北京房价的变化，没有提到房价的高低，所以A项不选；从"接下来房价不可能无限制上涨"可以知道C项错误；B项与最后一句话意思相反，不正确。
68	A	主旨题。主要讲述减肥需要付出很多代价，但很多人依旧没有瘦下来，意思与A"减肥非常难"相同，选A；从"清淡无味的减肥餐，昂贵无比的减肥药丸"可以知道B项和D项都是错误的。

69	D	主旨题。文中"不再强调工作经验和学历，而是突出了学习能力、个性、意志等个人因素"讲的是招聘的标准改变了，选 D。
70	D	主旨题。主要讲述吃早餐有益于延长生命，选 D；不吃早餐的人占 40%，不能说是大部分人，所以 A 项错误；B 项和 C 项文中没有体现。
71	D	细节题。根据"谈话很快就转换成了抱怨工作和生活中的压力"可以知道选 D。
72	C	细节题。根据"你们就会发现你们每人手里拿的都是精致的或者昂贵的杯子"可以知道杯子是很贵的或者很美的，所以选 C。
73	D	主旨题。教授说："要知道生活才是咖啡，金钱和社会地位只是杯子，它们只是承载生活的道具，不能改变生活的质量。过于注重杯子，我们就享受不到香浓的咖啡。"这是告诉我们不应该过分注重金钱和社会地位这些物质的东西，答案选 D。
74	C	细节题。前面提到教授让学生自己选杯子，后面又说"你们就会发现你们每人手里拿的都是精致的或者昂贵的杯子"，可见每个学生都选了一个杯子，所以答案选 C。
75	B	细节题。文章第一段提到年轻人"在几个大项目上接连失败"，这说明年轻人失败了很多次，所以选 B；从第一句话可以知道年轻人的工作得来得不容易，他工作很努力，所以 A 项、C 项错误；D 项文中没有体现。
76	C	细节题。从老总的话"到那时，你再要走我不留你"可以看出年轻人想向总经理辞职，所以答案选 C。
77	B	猜词义题。根据"他已经连续七个月在公司销售排行榜中高居榜首，成了当之无愧的业务骨干"这句话知道 A、C、D 不正确，"骨"是人体中主要部分，所以知道"骨干"指起主要作用的人。
78	D	原因题。文中老总说："与其说我对你仍有信心，倒不如说我对自己仍有信心。我相信我没有用错人。"这说明老板很相信自己的眼光，觉得自己不会看错人的，答案选 D。
79	D	细节题。年轻人失败了很多次，他要辞职，老板没有同意，还给了他很多机会，说明老板对员工很宽容，所以答案应该选 D。
80	D	细节题。根据"鲨鱼就是从那快速跳动的心脏在水中产生的感应波发现猎物的"可以知道鲨鱼是通过感应波来寻找食物的，所以答案选 D；人的尖叫可以引起鲨鱼的注意，并不是鲨鱼喜欢人的尖叫，所以 B 项错误。
81	A	细节题。根据"如果你一见到鲨鱼就吓得浑身发抖，尖声惊叫，心跳加速，然后只想快点逃命，那么你注定会成为鲨鱼的一顿美餐"知道 B、C、D 都会引起鲨鱼的注意，所以答案选 A。
82	A	细节题。将选项与文章对照发现只有 A 在文中没有提到，所以答案选 A；从"海洋生物学家罗福特对鲨鱼研究了多年"可以知道 C 项和 D 项都是正确的；从罗福特介绍说："鲨鱼其实并不可怕。"可以知道 B 项也是正确的。

83	A	细节题。将选项与文章对照发现在文中没有提到两人是兄弟，A 不正确，所以答案选 A；从第一句话可以知道 A 项、B 项、D 项都是正确的。
84	D	猜词义题。从"叫阿诺德的小伙子青云直上，而那个叫布鲁诺的小伙子却仍在原地踏步"知道"原地踏步"和"青云直上"意思正好相反，再结合"原地踏步"的字面意思，可以知道布鲁诺没什么进步，所以选 D。
85	B	细节题。老板通过这件实际小事把一件复杂的事情解释清楚了，这说明他很会讲道理，所以答案选 B。
86	D	细节题。对照"阿诺德很快就从集市上回来了……"一段可以发现只有 D 阿诺德没有了解到，所以答案选 D。
87	B	细节题。看到题目"那个小屋"我们应该迅速定位到第一段和第二段前半部分。小屋是废弃的，没有主人，所以 A 不对；从"他拖着疲惫的身子走进了屋内"可以知道门没有锁，所以 B 对；文中没有提到吃的，所以 C 不对；D"屋里存了很多水"中的"很多"不对，只有一瓶水。
88	D	细节题。题目问到了抽水机的情况，答案应该定位在第二段。A"已经坏了"不对，文中提到灌入水后抽水机就可以用了；B"在小屋的外面"不对，旅行者是在屋内发现的抽水机；C"上面有一个软木塞"不对，是瓶子上有一个软木塞而不是抽水机上有；D"需要倒些水进去才能用"正确，第二段提到"你必须用水灌入抽水机才能引水"。
89	C	细节题。根据"他将水喝足后，把瓶子装满水，用软木塞封好"知道旅行者按照纸条上说的做了，A、B、D 都不对，选 C。
90	D	主旨题。旅行者如果想得到更多的水，就必须先把自己已经找到的水倒进抽水机里，可见得到之前要学会付出，所以答案选 D。

三、写作

第一部分

题号	答案	解析
91	他很少看到这样的画。	这个句子是简单句。主要考查副词排列顺序。句子主干为"他看到画","很少"作为状语修饰动词"看到","这样的"作为定语修饰宾语"画",所以这个句子为"他很少看到这样的画。"
92	她打算往南走。	这个句子也是简单句。主要考查介词和方位词的用法。"打算"是谓语,"往南"是"介词+名词"的介词结构,位于动词"走"前。所以这个句子为"他打算往南走。"
93	东西让他吃光了。	这个句子主要考查的是"让"的被动用法,即"受事者+让+施事者+动词+补语"的用法。所以此处这个句子应该为"东西让他吃光了。"
94	这句话该怎么翻译?	这个句子是用"怎么"的特指疑问句。一般结构为"主语+怎么+动词",这里"该"是助动词,应该放到谓语成分前,所以这个句子为"这句话该怎么翻译?"
95	她跟父母住在一起。	这个句子主要考查的是"跟……在一起"的用法。"某人+跟+某人+动词+在一起"。所以这个句子为"她跟父母住在一起。"
96	她长得像花一样漂亮。	这个句子主要考查的是"像……一样"的用法。"某人/某物+动词/形容词+得+像+名词+一样(+形容词)"。所以这个句子为"她长得像花一样漂亮。"
97	我对这件事一点儿都不了解。	这个句子主要考查介词"对"的用法。"某人+对+某物+动词",根据这一结构,句子主干为"我对事了解"。加上各修饰成分,则为"我对这件事一点儿都不了解。"
98	他已经收拾完房间了。	这个句子主要考查的是动词后补语和宾语的位置关系。副词"已经"修饰动词"收拾","收拾"的宾语是"房间",结果补语"完"应紧跟在动词后面,所以整个句子为"他已经收拾完房间了。"

第二部分

99 题写作示例

　　这次会议是昨天下午举行的。面对公司最近遇到的问题，同事们有些担心，但总经理很乐观，他告诉我们：企业发展过程中，教训的积累也是必需的。他还要求我们这些经理们要密切联系，同舟共济。听了这些，我们都非常感动，也更有信心了。

100 题写作示例

　　从这张图片，我们看到不同球队的球员正在进行积极的拼抢。穿白色球衣的队员动作像是怕伤害到对方球员。从这个画面上我们知道，足球比赛在关注比分的同时也应该注意球员的安全，不能故意伤害对方球员，否则就体会不到足球的乐趣了。

模拟试卷（三）

新汉语水平考试
HSK（五级）

注　　意

一、HSK（五级）分三部分：

　　1. 听力（45题，约30分钟）

　　2. 阅读（45题，45分钟）

　　3. 书写（10题，40分钟）

二、听力结束后，有5分钟填写答题卡。

三、全部考试约125分钟（含考生填写个人信息时间5分钟）。

一、听 力

第一部分

第1-20题：请选出正确答案。

1. A 他正在加班
   B 他要和朋友去吃饭
   C 他在等爱人去吃饭
   D 他每天六点半下班

2. A 她没考好
   B 她下周要考试
   C 她的成绩还没下来
   D 她忘记考试时间了

3. A 男的在大使馆工作
   B 男的需要给大使馆签证
   C 男的要给女的工作证明
   D 男的一个星期后能拿到签证

4. A 火车五分钟后来
   B 那个男的要去北京
   C 还要等大概半小时
   D 每个小时有一辆车

5. A 他家在四川
   B 喜欢吃辣的菜
   C 不习惯四川菜
   D 不喜欢四川的环境

6. A 医院
   B 办公室
   C 运动场
   D 飞机场

7. A 一班差五人
   B 人都到齐了
   C 二班差五人
   D 五人请假了

8. A 男的不同意
   B 女的想吃烤肉
   C 女的想吃火锅
   D 男的不喜欢吃烤肉

9. A 夫妻
   B 同事
   C 朋友
   D 父女

10. A 女的生病了
    B 男的每天锻炼
    C 女的身材很好
    D 男的孩子七岁了

11. A 明天上午
    B 明天下午
    C 周三上午
    D 周三下午

12. A 北京总是晴天
    B 男的很会挑时间
    C 过几天再来北京好些
    D 女的想来北京玩几天

13. A 小明发烧了
    B 王老师不在家
    C 小明要去医院
    D 小明的病快好了

14. A 想让李强进公司
    B 来面试的人都很优秀
    C 他的同事们都很有能力
    D 公司明天要开集体会议

15. A 他们是同事
    B 他们是老邻居
    C 男的才搬到这儿
    D 男的是公司经理

16. A 男的很少感冒
    B 男的不喜欢看中医
    C 腿疼时男的会看西医
    D 感冒了男的会看西医

17. A 做饭
    B 表演
    C 唱歌
    D 跳舞

18. A 女的想买手机
    B 那款手机过时了
    C 那款手机质量有问题
    D 女的看中了另外一款

19. A 球队输了
    B 观众很多
    C 明天下午举行
    D 比分差距很大

20. A 耐心再等等
    B 下个月涨工资
    C 男的应该辞职
    D 男的可以提要求

第二部分

第 21-45：选出正确答案。

21. **A** 同事
    B 母子
    C 朋友
    D 夫妻

22. **A** 女的订了午餐
    B 女的想吃牛肉饭
    C 他们认识一年了
    D 要和朋友一起吃饭

23. **A** 他想回家
    B 他要去买感冒药
    C 他今天工作很忙
    D 他今天状态不好

24. **A** 在等消息
    B 接到电话了
    C 他应聘成功了
    D 他一点儿都不紧张

25. **A** 工资有点低
    B 工作环境不太好
    C 男的是女的的领导
    D 女的准备换工作

26. **A** 七点
    B 八点
    C 九点
    D 十点

27. **A** 演出
    B 工作
    C 电影
    D 电视剧

28. **A** 周末没有时间
    B 现在定不下来
    C 周末要去见张红
    D 要陪妻子去买衣服

29. **A** 回家拿文件
    B 准备去开会
    C 坐车去上班
    D 陪客户吃饭

30. **A** 父女
    B 母子
    C 朋友
    D 同事

31. **A** 北方不错
    B 南方太热
    C 出国比较好
    D 海南比较合适

32. **A** 北京
    B 杭州
    C 海南
    D 哈尔滨

33. A 去年
    B 上个月
    C 上个星期
    D 昨天

34. A 不结婚
    B 婚礼准备
    C 结婚三年了
    D 认识不久就结婚

35. A 他不好意思
    B 不喜欢吃糖
    C 自己拿不多
    D 想让妈妈拿

36. A 聪明
    B 诚实
    C 热情
    D 坚强

37. A 很有钱
    B 新买了车子
    C 房子不值钱了
    D 把钱都花完了

38. A 赚了钱别买车
    B 年轻人要学会理财
    C 有了钱必须买房子
    D 买车是"投资"行为

39. A 很爱问问题
    B 长得很漂亮
    C 和妈妈一样高
    D 很喜欢动物园

40. A 很耐心
    B 不高兴
    C 很激动
    D 很害羞

41. A 听腻了
    B 他太累了
    C 他不喜欢听别人弹钢琴
    D 那个人钢琴弹得不好

42. A 成了酒吧老板
    B 成了著名歌手
    C 依然在酒吧弹钢琴
    D 以后再也不弹钢琴了

43. A 有唱歌才能
    B 钢琴弹得不好
    C 是不受欢迎的人
    D 和老板关系不好

44. A 写信
    B 请他吃饭
    C 给他送钱
    D 帮他报警

45. A 严肃
    B 乐观
    C 谦虚
    D 勇敢

二、阅 读

第一部分

第46-60题：请选出正确答案。

46-49.
  看电影正在成为中国人的一个 46 。中国电影票房持续增长，这种变化对电影行业的发展是很有利的。2008年，中国出品406部电影，票房收入增长30%。五年来中国一直 47 着25%以上的增长率，2008年票房总收入达到43亿元人民币。尽管电影行业的发展依然存在很多 48 ，中国的电影市场 49 是国内和国外电影行业竞争的一块大蛋糕。

  46. A 风俗 B 传统 C 习惯 D 消费
  47. A 保持 B 保存 C 持续 D 坚持
  48. A 请求 B 谈判 C 问题 D 限制
  49. A 竟然 B 居然 C 果然 D 仍然

50-52.
  10年以前中国只有5万辆电动自行车，现在增加到了1.2亿辆。电动自行车成了中国 50 最快的交通工具。在城市里，最早人们喜欢电动自行车是因为它又安静又干净，不但速度比普通自行车快，而且也不会像汽车那样堵车、污染环境。
  可是人们没有想到现在电动自行车成了马路杀手。电动自行车的速度太快，51 ，很容易造成交通事故。2007年，电动自行车事故造成2469人死亡，在当年交通事故死亡总人数中约占3%。这些交通事故使得很多人开始 52 使用电动自行车。

  50. A 使用 B 消费 C 制造 D 增长
  51. A 而且它的速度很难控制
    B 而且它不遵守交通规则
    C 它很容易吸引行人的注意
    D 不能像普通自行车那样说停就停
  52. A 反对 B 反复 C 重新 D 重复

53-56.

在中国，对千万富翁来说，想找到称心如意的爱人不是一件容易事儿。在社会生活越来越离不开网络的今天，很多人愿意通过网络寻找自己的爱人。因此徐先生 _53_ 了"钻石王老五"征婚网，这个征婚网专门为有钱人提供征婚 _54_ 。他说："这些人都很优秀，他们对未来爱人的要求也很高，_55_ 。这些人除了没爱人，要什么有什么。"徐先生相信会有越来越多的中国人从网上 _56_ 爱情。

53. A 推广　　　B 创立　　　C 确定　　　D 允许
54. A 服务　　　B 建议　　　C 实践　　　D 事务
55. A 对自己的要求不高
　　B 很少有人喜欢他们
　　C 符合他们的标准的人也就比较少
　　D 很难说出自己的具体标准是什么
56. A 寻找　　　B 调查　　　C 约会　　　D 享受

57-60.

有一天早晨，听着电视台"东方时空"的音乐，我告诉妻子以后我想到电视台去工作。妻子笑笑说，"_57_ ，你又能干又聪明，用不了多长时间你 _58_ 能到那儿去工作。"听后我什么话也没说就起床，穿衣服，开始忙碌了。有了妻子的 _59_ ，我一直在努力，两年以后，我 _60_ 地走进了电视台。

57. A 我信你　　　　　　　　B 工作很忙吧
　　C 一定要好好休息　　　　D 那个工作要求非常高
58. A 肯定　　　B 根本　　　C 或者　　　D 也许
59. A 生气　　　B 反对　　　C 鼓励　　　D 故意
60. A 成功　　　B 忽然　　　C 偶然　　　D 几乎

第二部分

第61-70题：请选出与试题内容一致的一项。

61. 随着中国交通运输业的发展，很多时候机票和火车票价格相差无几，坐火车还是坐飞机逐渐成为普通人出行要做的选择。留心网站发布的航班和票价信息，也许在合适的时间，你的出行会既方便又便宜。

    A 火车票比以前贵了
    B 航空运输业发展迅速
    C 飞机票比火车票卖得快
    D 现在人们出行一般都坐飞机

62. 在中国，茶楼几乎到处可见。而茶叶的主要消费者仍然是老一辈的人。年轻的消费者则更愿意选择罐装茶饮料、茶叶粉包、软饮料和咖啡。他们认为那些传统茶叶是"老年饮品"。

    A 在中国茶楼里消费者很多
    B 年轻人喜欢饮用茶叶
    C 年轻人也喜欢选择老年饮品
    D 传统茶叶的主要消费者是老人

63. 最新的一项调查显示：中国超过三分之一的手机用户用他们的手机听音乐。中国大约35%的手机用户用手机听音乐，相比之下，西班牙的这一比例是20%，英国是18.9%，美国只有5.7%。

    A 英国手机用户最不喜欢听音乐
    B 差不多18%的中国手机用户听音乐
    C 不到20%的西班牙用户用手机听音乐
    D 中国手机用户比较喜欢用手机听音乐

64. 中国最新调查发现，目前中国网民数量急剧增加，网络市场前景广阔，像北京、上海这样的大城市，参加工作的人们几乎人手一台电脑，没有网络，人们的生活会受到极大影响。

    A 人们应该尽量少使用网络
    B 现在中国几乎每人都有一台电脑
    C 每个人的生活都离不开电脑和网络
    D 工作群体是网络使用的很大的一个客户群

65. 到 2015 年时北京将有大约四分之一的人口使用自行车。北京市政府希望恢复自行车道和建设更多的自行车停车场。北京市将在公交车站和地铁站旁边为自行车修更多的停车场，这样骑自行车的人就很容易换乘其他的交通工具。

   A 现在北京大约有四分之一的人骑自行车
   B 现在北京地铁站旁边有很多自行车停车场
   C 到 2015 年北京骑自行车的人换乘公共交通工具更方便
   D 到 2015 年北京公交车站和地铁站数量会减少

66. 空巢家庭在中国越来越多。如今越来越多的年轻人离开家乡甚至祖国到别的地方找工作。这些子女从家庭中搬出去，只剩下老年人独自生活。2005 年中国有 42% 的家庭由独居老年夫妇构成。

   A 只有中国有空巢家庭
   B 空巢家庭往往指老年人单独生活
   C 子女离开父母是因为生活习惯的不同
   D 空巢家庭中的老年人不喜欢和孩子一起生活

67. 有一个很有名的人过 80 岁的生日，记者对他说，先生，我今天非常高兴，希望我还能来参加您 90 岁的生日宴。这个人笑了笑说："小伙子，我看你身体很健康，没有理由不来参加我 90 岁的生日宴会。"

   A 老人很生气
   B 记者身体不好
   C 这个老人非常乐观
   D 记者参加了他 90 岁的生日宴会

68. 老李在路上遇到了老张，老张手里拿了一个袋子。老李问他："老张，你袋子里是什么东西？"老张回答说："买的鸡。"老李说："如果我猜对你的袋子里有多少只鸡，你可以给我一只吗？"老张说："当然可以，如果你猜对了，我两只都给你！"老李看看袋子说："五只。"

   A 老李猜对了
   B 老张知道老李能猜对
   C 老张的袋子里有两只鸡
   D 老李得到了老张的一只鸡

69. 科学家经过研究发现，结婚也会传染。这种现象多发生在同事和同事之间。不过这种传染更容易影响男性。男性很容易因为同事结婚而与自己的女伴结婚。很可能是因为当他们看到自己的同事结婚时，自己也产生了对婚姻的渴望。

   A 女人更容易得到幸福
   B 男性比女性更渴望婚姻
   C 参加工作后的男的更想结婚
   D 结婚的事男性更容易受同事影响

70. 中国人很重视礼物的包装。漂亮的包装表示对人的尊敬，包装的颜色需要特别注意。送中国人礼物，包装的颜色选择红色、粉红色或金色更好，因为它们在中国代表着幸运和成功。

   A 包装的颜色不重要
   B 只能送红色包装的礼物
   C 很少人会在意礼物的包装
   D 金色是中国人喜欢的颜色

第三部分

第 71-90 题：请选出正确答案。

71-75.

有一个士兵参加了一场战争。战争结束后，他回国了，从机场给他的父母打电话，告诉他们："爸妈，我回来了，可是我有个请求，我想带一个朋友一起回家。""当然好啊！"父母回答说。

不过儿子又继续说："可是有件事我想先告诉你们，他在战争中受了重伤，少了一条胳膊和一只脚。他现在没有地方去，我想请他回来和我们一起生活，让他有个安身之处。"

"儿子，或许我们可以帮他找个安身之处。"父亲又接着说："儿子，你不知道自己在说些什么。像他这样的残疾人会对我们的生活造成很大的麻烦。我们还有自己的生活，他和我们一起生活会给我们带来很多不便。"就在这时儿子挂上了电话，他的父母再也没有他的消息了。

几天后，这对父母接到电话，得知儿子已经跳楼了。警察确认这是自杀。后来他们去找儿子的遗体，让他们吃惊的是，儿子居然只有一条胳臂和一条腿。

71. 根据文章，下列选项不正确的是：
    A 儿子在战争中受了伤   B 儿子想带女朋友回家
    C 儿子说的"朋友"是自己   D 父母不希望"残疾朋友"来家里

72. 第二段中画线词语"安身之处"的意思可能是：
    A 玩的地方   B 住的地方
    C 吃饭的地方   D 工作的地方

73. 父母不同意儿子带朋友回家是因为他的朋友：
    A 是个残疾人   B 能找到新的生活
    C 应该回自己的家   D 和他们的生活习惯不同

74. 根据文章，下列哪项正确？
    A 儿子后来选择了自杀   B 儿子和他朋友关系非常好
    C 儿子想和朋友在外面生活   D 儿子在战争中获得了荣誉

75. 看到儿子的遗体，他的父母一定很：
    A 生气   B 犹豫   C 后悔   D 辛苦

76–79.

最近的一项调查显示，小学生完成作业后，阅读课外书的比例不到50%，初中生的这一比例为42%，他们主要阅读的是作文书、教辅书和课本。当有时间阅读时，书籍、报纸、杂志等传统媒介仍是初中生和小学生选择的主要媒介，超过60%的初中生和超过80%的小学生选择这三者。

笑话、名人故事和写作等学习内容是小学生最爱阅读的报纸内容，初中生最爱阅读笑话、互动游戏、电影、电视节目介绍，以及游乐信息。

调查显示，父母与老师指导小学生读报较少，他们主要是偶尔指导，所占比例分别为46.1%和40.9%。经常这么做的比例仅在30%左右。在接受调查的学生中，有27.2%的学生在学校里从没接受过老师对他们阅读报纸的指导。

12.7%的小学生的父母从不与孩子一起阅读与交流，只有41.3%的父母经常与孩子一起阅读与交流。近一半小学生的父母偶尔与孩子一起阅读与交流。24.6%的初中生的父母从不与孩子一起阅读与交流，经常及偶尔与孩子一起阅读与交流的初中生的父母分别为20.3%和55.1%。

76. 有时间阅读时学生选择的阅读主要媒介不包括：
    A 书籍　　　B 网络　　　C 杂志　　　D 报纸

77. 小学生最爱阅读的报纸内容是：
    A 互动游戏　B 游乐信息　C 名人故事　D 电影、电视节目介绍

78. 父母和教师经常指导学生读报的比例为：
    A 27.2%　　B 30%　　　C 40.9%　　D 46.1%

79. 下列哪项适合做本文的题目？
    A 中小学生的阅读现状　　　　B 家长要关心孩子的学习
    C 阅读，要从孩子抓起　　　　D 孩子应该和家长多交流

80-82.

很多人都知道午睡对人的身体健康非常有帮助，所以很多人都会午睡。人们可能觉得午睡就是睡觉，是很简单的事情。其实午睡还真有不少讲究，只有合理的午睡方法才能达到最好的效果。其实，人人都知道午睡很重要，但午睡效果的好坏要看如何睡、睡多长时间。人们最容易入睡的时间是在早上起床后八小时，或是晚上睡觉前八小时，大约在中午一点左右。这个时候午睡，人的身体会得到很好的休息。健康的午睡以15到30分钟最合适，不要超过一小时，时间太短达不到休息的要求；如果时间太长，醒来会感觉头痛、全身无力，还会影响晚上的睡眠。

除了讲究入睡时间，午睡还要注意睡前不要吃太油的东西，也不要吃得太饱，饭后最好先别急着睡。午睡前最好活动十来分钟，如散散步，这样可以帮助食物消化。

另外科学家还发现，午睡可以增强人们的记忆力，让人们的心情更好、更轻松，让心脏更有力。

80. 关于午睡，正确的是：
   A 很有讲究
   B 是很简单的事情
   C 开始的时间越早越好
   D 时间长一些可以更好

81. 午睡以前，最好：
   A 多吃一点儿
   B 去散散步
   C 看看报纸
   D 让自己紧张起来

82. 午睡的好处不包括：
   A 增强记忆力
   B 帮助食物消化
   C 使心情得到放松
   D 使心脏变得更有力量

83-86.

我是小学一年级的数学老师。一次期中考试时,我给孩子们出了这样一道题:"假如你家有5口人,买来10个苹果,每个人能分到几个苹果?"对七八岁的孩子来说,这道题应该很简单。但是当试卷交上来后,我却大吃一惊。我发现,由于我的粗心,我把"10"写成了"1"。这样,这道题变成了:"假如你家有5口人,买来1个苹果,每个人能分到几个苹果?"我想:这道题已经错了,所以根本就不可能有答案了。

但看试卷时,我发现几乎所有的同学都在那道题下写出了答案。

其中有一个答案让我很感动。答案的内容是:每个人能分到一个苹果。后面接着写了原因:假如爷爷买来一个苹果,他一定不会吃,因为他知道有病的奶奶一定很想吃,会留给奶奶的;但奶奶也不会吃,她通常会把苹果送给她最疼爱的小孙女——我;但我也一定不会吃这个苹果,我会把它送给每天在街上卖报纸的妈妈,因为妈妈每天在太阳下晒着,口渴的她一定需要这个苹果;但妈妈也不会吃的,她一定会送给爸爸,因为爸爸进城这一年来每天都在工地上干很累的活儿,却从没吃过苹果。所以,我们家每个人都会得到一个苹果。

看后,我给了孩子满分。

83. 如果那道数字题没有写错,原来的答案应该是:
   A 1   B 2   C 5   D 10

84. 看到学生交上来的试卷,我很吃惊,是因为:
   A 我把一道题打错了
   B 学生都做对了那道题
   C 学生都做了那道错题
   D 学生发现了那道题目的错误

85. 有一个学生的答案让我很:
   A 惭愧   B 奇怪   C 意外   D 感动

86. 那个学生很:
   A 懂事   B 活泼   C 很节约 D 很漂亮

87-90.

每次想到要买礼物给男人，就觉得很头疼。每一样东西对他来说，也许可有可无。送礼物给女人反而容易，单是项链之类就有很多种。

每当女人问男人"今年生日你想收到什么礼物"时，也是男人头痛的时候，他实在想不到自己还缺少些什么。或者他所缺的，根本是女人买不起的。最后，女人只好用一份礼物的价值来表达自己的心意，她花了一个月的薪水送一份很贵的礼物给他，男人虽然感动，东西却不一定有用。

其实男人最喜欢的礼物是一顶高帽。称赞他，尊重他，欣赏他。即使他做了一件很笨的事，你还是要递上一个温柔的眼神，给他安慰。让他知道，你会与他共同面对困难，你是他心灵的安慰。

他收到这样一份礼物，就会送你很多礼物。

87. 根据上文，下列哪项不正确？
　　A 送礼物给女人很容易　　　B 送礼物给男人有讲究
　　C 男人不会要女人的礼物　　D 女人给男人买礼物很头痛

88. 根据上文，可以知道：
　　A 男人想要的礼物都很贵
　　B 男人很喜欢女人送他们礼物
　　C 男人收到礼物一般不会感动
　　D 女人的称赞是男人最珍贵的礼物

89. 男人最喜欢的礼物不包括：
　　A 项链　　　　　　　　　　B 一顶高帽
　　C 欣赏的眼神　　　　　　　D 生命的安慰

90. 如果男人收到了他最喜欢的礼物，他会：
　　A 安慰你　　　　　　　　　B 给你他的爱
　　C 认为你爱花钱　　　　　　D 认为你不会过日子

三、书写

第一部分

第 91-98 题：完成句子。

例如：发表   这篇论文   什么时候   是   的

<u>这篇论文是什么时候发表的？</u>

91. 是   这   个   重要的   会议   非常

92. 一下   要   反复   再   讨论   我们

93. 我们   篮球   一个小时   打   了

94. 他   开   走   门   过去

95. 500个   有   大概   座位   电影院

96. 公司   他   去   接   派   客人

97. 办公桌上   文件   他的   摆满了

98. 是   昨天   回来   的   他

第二部分

第 99-100 题：写短文。

99. 请结合下列词语（要全部使用），写一篇 80 字左右的短文。

　　增长、意义、提供、舒适、旅游

100. 请结合这张图片写一篇 80 字左右的短文。

听力材料

（音乐，30秒，渐弱）

大家好！欢迎参加 HSK（五级）考试。
大家好！欢迎参加 HSK（五级）考试。
大家好！欢迎参加 HSK（五级）考试。

HSK（五级）听力考试分两部分，共 45 题。
请大家注意，听力考试现在开始。

第一部分

第1到20题，请选出正确答案。现在开始第1题：

1. 女：都六点了，你怎么还没回家？
   男：我在等我爱人，我和她约的六点半一起去吃饭。
   问：根据对话，下列哪项正确？

2. 男：上周的汉语考试你考得怎么样？
   女：老师说明天发成绩，我现在正担心呢。
   问：关于女的，我们可以知道什么？

3. 女：你的签证拿到了吗？
   男：大使馆说得再等一个星期，我还得给他们交工作证明。
   问：关于男的，可以知道什么？

4. 男：下趟去天津的火车什么时候到？
   女：火车半小时一趟，刚走一趟。
   问：根据对话，可以知道什么？

5. 女：听说你最近在四川出差，生活还习惯吗？
   男：除了吃的东西以外，其他都很好。四川菜太辣了。
   问：男的是什么意思？

6. 男：小王，我要的文件你打印好了吗？
   女：不好意思，李经理，刚才打印机坏了。我马上给您送过去。
   问：对话可能发生在哪儿？

7. 女：还有十分钟车就要开了。还有几个学生没到？
   男：一班都到了，二班还有五个人没到。
   问：男的是什么意思？

8. 男：要不咱们去吃火锅吧？有家新开的火锅店不错。
   女：这个月都吃过四次了，我知道有家烤肉店在搞活动，我们去那儿吧！
   问：根据对话，可以知道什么？

9. 女：你晚上回来吃饭吗？
   男：今天下班以后有应酬，我得陪客户吃饭。你和孩子先吃吧。
   问：他们可能是什么关系？

10. 男：你身材保持得真不错！都生了孩子了，还是这么苗条。
    女：那是因为我每天坚持锻炼一个小时。
    问：根据对话，可以知道什么？

11. 女：陈总，我给您订明天的票吗？
    男：明天我有安排，订周三上午的吧。
    问：男的准备什么时候走？

12. 男：听说最近北京的天气不错。
    女：是啊，这几天都是蓝天白云的，很是享受，你选的旅游时间很合适。
    问：女的是什么意思？

13. 女：你好，我是小明的老师，他感冒好点儿了没有？
    男：好多了，明天就可以去上课了。谢谢王老师的关心。
    问：根据对话，可以知道什么？

14. 男：李经理，您觉得这次来面试的人怎么样？
    女：李强还不错，其他人先不考虑了。
    问：李经理是什么意思？

15. 女：小伙子，你是新搬来的吧，我以前好像没见过你。
    男：我上周才搬到这儿的，以后还请你多多关照。
    问：根据对话，可以知道什么？

16. 男：你生病了一般看中医还是看西医？
    女：要看情况。如果是小感冒或者大病的话，我一般看西医；如果是腰酸腿疼的话，我一般看中医。
    问：根据对话，可以知道什么？

17. 女：听说小张的爱人很会做饭，是真的吗？
    男：吃过的人没有不说好的。
    问：小张的爱人在什么方面有特长？

18. 男：那款新出的手机你买了吗？
    女：朋友们都让我再等等，说过段时间会降价。
    问：根据对话，可以知道什么？

19. 女：昨天的篮球赛咱们队打得怎么样？
    男：真可惜，本来要赢了，最后三分钟，输了两分。
    问：关于比赛，可以知道什么？

20. 男：我在这家公司干了三年了，工资一点儿都没有涨。
    女：你可以跟领导说说，但是要讲究方法。
    问：女的是什么意思？

第二部分

第21到45题，请选出正确答案。现在开始第21题：

21. 男：我都十七岁了，会自己照顾自己，您放心吧。
    女：再加件衣服吧，你再大也是我的孩子。
    男：好，我听您的，这总行了吧。
    女：这还差不多。
    问：他们可能是什么关系？

22. 女：您好，我想订一份宫保鸡丁套餐。
    男：好的，什么时候给您送过去合适？
    女：中午十二点左右吧。对了，再加一份鸡蛋汤。
    男：没问题，我们一定按时送到。
    问：根据对话，可以知道什么？

23. 男：今天不知道怎么回事，上班的时候特别困。
    女：是不是昨天晚上没休息好啊？
    男：可能是着凉了。早上出门前吃了感冒药。
    女：吃感冒药就很容易困的。
    问：根据对话，可以知道什么？

24. 女：今天的面试怎么样？
    男：回答问题的时候，我有点儿紧张，他们让我等电话。
    女：那就是还有希望。
    男：你总是这么乐观。
    问：男的的面试怎么样？

25. 男：你在现在的新公司做得怎么样？
    女：除了工资以外，都挺满意的。工作环境、同事之间的关系都不错。
    男：那我就放心了，我和你妈还一直担心你不适应呢。
    女：你们就不要老是替我操心了。
    问：下列哪项说法正确？

26. 女：明天我们几点出发？
    男：九点的飞机，我们最好提前两个小时出发。
    女：太早了吧？
    男：还是早点吧，周一容易堵车。
    问：男的想几点出发？

27. 男：昨天电影怎么样？
    女：你没看吗？实在是太精彩了。
    男：我准备明天去电影院看。大概多长时间？
    女：两个半小时。
    问：他们在谈论什么？

28. 女：悦成商场全场打折，我们要不要去看看？
    男：这个周末我要加班，可能没时间。要不你和张红一起去吧？
    女：好吧，你总是那么忙。那我周末去买两件衣服吧。
    男：好的，等忙完这一阵我就陪你。
    问：男的是什么意思？

29. 女：你今天怎么迟到了？
    男：今天我七点半就出门了，可路上发现忘了带开会用的文件，又回去拿了。
    女：还好没耽误开会。时间马上到了，你快去吧。
    男：好，我先走了。
    问：男的要去做什么？

30. 男：女儿，你早上一般都吃什么？
    女：一个鸡蛋，一杯牛奶，两片面包。
    男：还挺会生活的。这样你妈就放心了，她总担心你在外面吃不好。
    女：你们放心，我会照顾自己。
    问：他们是什么关系？

第31到32题是根据下面一段对话：
    男：假期你打算怎么过呢？
    女：还没定呢，你有什么好建议吗？
    男：要我说呀，北方太冷了，像北京、哈尔滨、内蒙古都在十度以下。还是去南方玩吧。杭州就不错。
    女：杭州好是好，不过听说那儿现在也挺冷的，没有暖气。
    男：那你就去海南吧，平均气温都在三十度左右。
    女：这个主意不错。就海南了。

31. 男的是什么意思？
32. 女的最后决定去哪儿？

第33到34题是根据下面一段对话：
    女：听说小丽要结婚了。你知道吗？
    男：啊？这么快啊，我上个月见到她的时候，她还没跟我说这事儿呢。
    女：她的决定是有点儿突然，不过也没什么，现在不是流行"闪婚"吗！
    男：现在的年轻人啊，和我们的想法差得真大。
    女：你得学着跟上时代，要不你就落后了。

33. 男的上次见小丽是什么时候？
34. "闪婚"是什么意思？

第35到36题是根据下面一段话：
    有一天妈妈带着她的孩子到超市去买东西，老板看到这个可爱的孩子，就打开一罐糖果，要小男孩儿自己拿一把糖果。但是这个男孩儿却没有任何的动作。几次邀请之后，老板亲自抓了一大把糖果放进他的口袋中。回到家中，母亲很好奇地问小男孩儿为什么没有自己去抓糖果而要老板抓，小男孩儿回答道："因为我的手比较小呀！而老板的手比较大，他拿的一定比我拿的多！"

35. 小男孩儿为什么自己不拿糖？
36. 你觉得小男孩儿怎么样？

第37到38题是根据下面一段话：

我有两个朋友，大学毕业后俩人同时攻读硕士、博士学位，同时在拿到博士学位五年后各自积蓄了三十万元。

第一个朋友买了一套房，第二个朋友买了一辆车。过了五年，第一个朋友的房子价值八十万元，第二个朋友的车值五万元。两人的资产明显有很大差异，买房是"投资"行为，钱其实没有花出去，只是转移到房子上了，以后还是自己的。买车是"消费"行为，钱给了别人，车用过五年后，就很不值钱了。

37. 五年后，第一个朋友经济状况怎么样？
38. 根据这段话，可以知道什么？

第39到40题是根据下面一段话：

小骆驼问妈妈："妈妈，为什么我们的睫毛这么长？"

骆驼妈妈说："风沙来的时候，长长的睫毛可以阻挡沙子进到眼睛里，让我们在沙暴中看到方向。"

小骆驼又问："为什么我们的背那么驼？这样一点儿都不好看。"

骆驼妈妈说："可以帮我们储存大量的水，使我们不容易渴。"

小骆驼很高兴："原来我们身上的东西都有用啊！可是妈妈，为什么现在我们还在动物园里，而不去沙漠生活呢？"

39. 关于小骆驼，可以知道什么？
40. 对于孩子的提问，骆驼妈妈的回答怎么样？

第41到43题是根据下面一段话：

有一个男人在酒吧里以弹钢琴为生。他是一个很好的钢琴师。很多人来这个酒吧只是为了能够听他弹一曲。但是，一天晚上，这间酒吧的一位常客告诉那个钢琴师，他不想听他弹任何曲子了，只想听他唱一首歌。

钢琴师回答："我不会唱。"

但是，那个男人坚持要他唱，还对酒吧负责人说："我厌倦了他的钢琴声。我想听那个家伙唱歌。"

负责人大声叫着："嗨，伙计！如果你不想失业的话就唱一首歌吧。"

他没办法，只能照做了。一个从未在公共场合唱过歌的钢琴师就在这种境况下，唱了第一首歌。唱完以后，雷鸣般的掌声响彻全场。后来他成了非常有名的歌手。

适当做些改变，或许你的生活会因此而丰富多彩！

41. 酒吧里的客人为什么不喜欢听钢琴师弹钢琴了？
42. 钢琴师后来怎么样了？
43. 根据这段话，可以知道钢琴师什么？

第 44 到 45 题是根据下面一段话：

　　有个人一天回家之后发现家里被偷了，朋友写信安慰他。这个人回信说："谢谢你的来信，我现在心中很平静，虽然小偷拿走了我的钱，但没有伤害我的生命。小偷只偷走了一部分东西，而没有把所有的东西都偷走。最值得庆幸的是：小偷是他，而不是我。"

44. 朋友是怎么安慰他的？
45. 这个人是个什么样的人？

听力考试现在结束。

答案及解析

一、听力

题号	答案	解析
1	C	重点信息："等爱人"、"约一起去吃饭"
2	C	"明天发成绩"中"发"的意思是公布（成绩）、出（成绩）。
3	D	"还得再等一个星期"表示将来需要的时间。例如：工作太多了，我还得再干三天才能完成。
4	C	"半小时一趟"表示频率。如：三天一次。
5	C	考查"除了……以外，都……"的用法。例如：除了张明以外，别的人都去了。（不包括张明，其他人都去了。）
6	B	地点题。"打印机"，可以推测出来是在办公室。
7	C	"二班差五人"中"差"表示"缺少"、"没有"的意思。
8	B	"我们去那儿吧"中"吧"表示一种建议。所以女的是建议去吃烤肉。
9	A	人物关系题。"你和孩子先吃吧"可推断是夫妻关系。
10	C	"身材保持得不错"，表示身材没有变化，和以前一样。
11	C	时间题。"订周三上午的吧"同第8题，表示建议。
12	B	"很合适"说明男的很会挑时间。
13	D	小明明天就可以去上课了，所以他应该是快好了。
14	A	"其他人先不考虑了"在对话中的意思是：不考虑让这些人进公司了。
15	C	"新搬来的"、"才搬来的"都表示事情发生到现在时间不长。
16	D	"要看情况"表示：根据不同的情况，做出不同的决定。
17	A	"没有不说好的"中否定+否定是肯定的意思，说明她做饭好。
18	A	"再等等"表示：不着急做，过一段时间再做。
19	A	通过"真可惜"可以知道比赛结果不好。
20	D	"一点儿都没/不"表示强调。

21	B	人物关系题。"再大也是我的孩子"中"再……也……"用来强调事实情况。
22	A	"订一份……"表示预订。
23	D	重点信息："特别困"、"吃了感冒药"
24	A	"有点儿……"通常表示不太满意的情况，比如：这个房子有点儿小，我希望能有间更大的。
25	A	"除了工资以外，……都挺满意的"同第5题。"替某人操心"意思是担心某人的情况。
26	A	时间题。"提前两小时出发"表示比原来的时间早两小时，"提前"的反义词是"推迟"，比如：因为下雨，运动会要推迟一周举行。
27	C	主旨题。重点信息："电影怎么样"、"精彩极了"
28	A	"要不你和张红一起去吧"中"要不……吧"表示提出建议。"等忙完这一阵我好好陪陪你"中"等……做某事"表示到将来的某个时候做某事，比如：等你放假了，我们一起去上海参观世博会吧。
29	B	"好在没耽误开会"中"好在"表示幸运地，幸亏。比如：昨天不小心把钱包丢了，好在有位好心人捡到，还给了我。
30	A	人物关系题。重点信息："女儿"、"你们放心，我会照顾好自己的"
31	D	"要我说呀……"，"还是……吧"都是表示提出自己的意见。
32	C	"杭州好是好，不过……"中"A是A，不过/可是/但是……"用来引出不太满意、不太赞成的部分。
33	B	"和我们的想法差得真大"中"差"表示不一样，比如：我和他的汉语水平差得很大。
34	D	"跟上时代"、"落伍"都是非常地道的表达，"跟上时代"表示人的思想与现代是一样的，"落伍"在这段话中是与"跟上时代"相反的意思，表示思想已经落后了。
35	C	第35题，重点信息："他（老板）拿得一定比我（男孩儿）多"
36	A	第36题，根据全文，小男孩儿没有主动去拿糖果，而是让老板帮自己拿，可以看出小男孩儿非常聪明。
37	A	两题的重点信息："三十万"、"八十万"、"五万"，根据买车和买房后钱的变化，可以理解全文的意思。
38	B	"消费"意思是花钱；"投资"意思是用钱去赚更多的钱。

39	A	"一点儿也不好看"表示强调。例如：今天一点儿也不热。（强调不热。）第39题和40题可根据文章的整个内容来选择。最后的句子"为什么我们现在还在动物园，而不去沙漠生活"是关键句，可以知道对话发生在动物园。
40	A	
41	A	"听腻了"表示听了很多次，所以不想再听了，已经厌倦了。类似用法有很多，比如：我天天吃四川菜，已经吃腻了。"从未"表示从来没有，以前没做过。比如：我从未去过美国。第41题，客人说我不想再听他唱歌了，可以知道，客人已经听腻了钢琴家的演奏。第42题，关键句："他后来成了非常有名的歌手"第43题，"唱完以后，掌声响彻全场"可知钢琴师唱歌很有才能。
42	B	
43	A	
44	A	第44题，关键句："朋友写信安慰他"第45题，"虽然偷走了我的钱，却没有伤害我的生命"，"值得庆幸的是……"可以知道，这个人非常乐观。
45	B	

二、阅读

题号	答案	解析
46	C	"风俗"、"传统"都是长时间形成的，不合适，"消费"和"成为"不搭配。所以选择C。
47	A	固定搭配"保持……的增长率"，选A。
48	C	固定搭配"存在……问题"，选C。
49	D	考查关联词。"尽管……仍然"表示不管前面发生什么，后面出现的结果都是一定的，所以选D。A项"竟然"和B项"居然"表示出乎意料；C项"果然"表示跟预料的一样。
50	D	要和"最快"搭配，"消费、制造、使用"都不合适；所以选D。
51	D	"速度快"，不能说停就停，所以才"容易出事故"，选D。
52	A	电动自行车造成很多事故，因此人们应该是开始反对使用它了。
53	B	人和网站的关系要么是"注册"，要么是"建立"或"创立"，根据文意，这里徐先生是把握了商机，创立了征婚网，因此此题选B。
54	A	考查名词，考查"征婚网"和"服务"的关系。征婚网作为一个营利机构，是要为广大的消费者提供服务的，所以本题选择A。
55	C	考查句子之间的衔接，前面讲他们对爱人要求很高，后面说除了没有爱人什么都有。根据句意，C项最合适。
56	A	考查动词。不能"调查"爱情，"约会"应该是已经有对象的，"享受"也必须是先有爱情才能享受，所以选择A，"寻找"爱情。
57	A	丈夫想去电视台工作，妻子表示支持，根据句意，应选A。
58	A	副词修饰"能"，表达确定的意思，应选A；B项"根本"常说"根本不能"；C项"或者"和D项"也许"都是不确定的语气，体现不出妻子相信并鼓励丈夫，都不正确。
59	C	根据文章大意，妻子对丈夫的想法是非常支持的，所以选C。
60	A	妻子的鼓励和自己的努力使男的进入电视台，表示肯定语气，选A；B项"忽然"和D项"几乎"修饰动词的时候，一般不加"地"；C项"偶然"与前文妻子的鼓励和自己的努力意思矛盾，所以不正确。
61	B	主旨题。语段主要讲航空交通的发展降低了普通人的飞行费用，选B。

62	D	主旨题。讲述中国老一辈和年轻人在茶文化上观念的差异：老人喜欢饮用茶叶，年轻人则喜欢罐装饮料。根据文意选D；A项文中没有体现；从"而茶叶的主要消费者仍然是老一辈的人"可以知道B项错误；从"年轻的消费者则更愿意选择罐装茶饮料、茶叶粉包、软饮料和咖啡"可以知道选项C错误。
63	D	细节和主旨同时考查。文章主要意思是中国人更喜欢用手机听音乐，仔细核对细节，理解大意，应选D；根据四个数字对比，可以知道选项A是错误的；中国手机用户用手机听音乐的比例为35%，B项是错误的；西班牙的比例为20%，而C项说"不到20%"，所以C项错误。
64	D	主旨题。中国网民数量剧增，主要使用群体是工作人群，所以选D；A项文中没有体现；在中国大城市，参加工作的人几乎人手一台电脑，并不是每个人都有，所以B项错误；从最后一句话可以知道，没有电脑，人们的生活会受到极大的影响，但并不是每个人的生活都离不开，所以C项错误。
65	C	细节题。政府支持自行车出行，并将建立相关设施，其中一项重要措施就是在地铁边建自行车停车场，所以选C。从第一句话可以知道，到2015年才有大约四分之一的人骑自行车，而不是现在，所以A项错误；从第三句话可以知道北京将在地铁站旁边建设更多的自行车停车场，不是现在就有，所以B项错误；D项文中没有体现。
66	B	"空巢家庭在中国越来越多"，并不是只有中国有，所以A项错误；"年轻人离开家乡甚至祖国到别的地方找工作"，不是因为与父母生活习惯不同，也不是因为老年人不喜欢和孩子一起生活，C项、D项排除；选B。
67	C	80岁的老人对自己的身体健康非常的自信和乐观，并且他非常幽默，很好地回答了记者的提问。根据文意，应选C。
68	C	小笑话。老张傻到透露了袋子里有两只鸡，而老李更傻，还在瞎猜是五只，选C。
69	D	主旨题。大意是在结婚的事情上，男人更容易受到传染，选D。
70	D	细节题。礼物包装在中国很重要，颜色也应注意，金色、粉色、红色较好，所以选D；从"包装的颜色需要特别注意"可以知道A项和C项错误；文章说的是红色的包装更好，并没有说只能送红色包装的礼物，所以B项错误。
71	B	细节题，需要将四个选项与文章对照，从中找出不正确的选项。"后来他们去找儿子的遗体，让他们吃惊的是儿子居然只有一条胳膊和一条腿。"从这句话可以知道儿子在战争中受了伤，儿子说的那个朋友其实就是他自己，他之所以这样说是为了看看父母是否欢迎已经残疾了的自己，所以A项和C项的说法是对的。儿子只说要带一个朋友回去，没有提到女朋友，所以B不正确，答案选B。从士兵父母说的话中可以看出来他们不太欢迎儿子带一个残疾的朋友回家，所以D项的表述也是对的。

72	B	猜词义题。"安身之处"中的"处"指地方，根据上下文知道士兵的朋友需要的不是玩的地方也不是工作的地方，从"安身"可以知道是住的地方而不是吃饭的地方，所以答案为B。
73	A	细节题，问原因。从士兵父母说的话可以知道，士兵的父母不同意，因为儿子的朋友是个残疾人，会给他们带来很多麻烦，所以答案选A。
74	A	细节题，将各个选项与文章对照发现：B和C不对，儿子说的朋友其实就是他自己；从"几天后，这对父母接到电话，得知儿子已经跳楼了"知道A正确，所以选A；D中说到的"荣誉"文中没有提到。
75	C	细节题，父母不知道儿子说的"朋友"其实就是他自己，因为他们对残疾人的态度导致了儿子自杀，所以父母肯定很后悔。
76	B	细节题。从"当有时间阅读时，书籍、报纸、杂志等传统媒介仍是初中生和小学生选择的主要媒介"这句可以看出不包括网络，所以选B。
77	C	细节题。从"笑话、名人故事和写作等学习内容是小学生最爱阅读的报纸内容"可以知道选C。
78	B	细节题。从"经常这么做的比例仅在30%左右"这句话可以知道应该选B。
79	A	主旨题。这篇文章主要是介绍中小学生的课外阅读情况，所以应该选A。
80	A	细节题。根据"其实午睡还真有不少讲究"这句话可以知道选A。
81	B	细节题。根据"午睡前最好活动十来分钟，如散散步，这样可以帮助食物消化"这句话可以知道选B。
82	B	细节题。根据"另外科学家还发现午睡可以增强人们的记忆力，让人们的心情更好、更轻松，让心脏更有力"可以知道午睡的好处不包括B，所以选B。
83	B	细节题。根据"假如你家有5口人，买来10个苹果，每个人能分到几个苹果"可以知道应该选B。
84	C	原因题。根据"我想：这道题已经错了，所以根本就不可能有答案了。但看试卷时，我发现几乎所有的同学都在那道题下写出了答案"这句话可以知道答案选C。
85	D	细节题。根据"其中有一个答案让我很感动"可以知道答案选D。
86	A	推测题。根据人做的事情来推知这个人的特点，根据"但我也一定不会吃这个苹果，我会把它送给每天在街上卖报纸的妈妈，因为妈妈每天在太阳下晒着，口渴的她一定需要这个苹果"知道小女孩很懂事，所以答案选A。

87	C	细节题。根据第一段可排除 A 项和 D 项；第二段说给男人礼物需花费脑筋，排除 B 项；男人收到礼物也感动，说明"男人不会要女人的礼物"不正确，选 C。
88	D	细节题。根据"其实男人最喜欢的礼物是一顶高帽。称赞他，尊重他，欣赏他"可以知道选 D。
89	A	细节题。根据"其实男人最喜欢的礼物是一顶高帽。称赞他，尊重他，欣赏他……给他安慰。让他知道，你会与他共同面对困难，你是他心灵的安慰"这句话可以知道，男人需要的不包括项链，所以选 A。
90	B	细节题。根据"他收到这样一份礼物，就会送你很多礼物"这句话可以知道选 B。

三、写作

第一部分

题号	答案	解析
91	这是个非常重要的会议。	本题考查"是"字句的各个组成部分的语序。代词"这"放在"是"的前面做主语,"是"后的宾语是"会议","个"前省略了"一",修饰"会议","非常"修饰"重要","(一)个"和"非常重要"一起修饰"会议",正确答案是:这是个非常重要的会议。
92	我们要再反复讨论一下。	本题考查的是多重状语的排列顺序。多重状语中的成分位置比较灵活,甚至可以出现在多个位置上,常常根据谓语内部的逻辑关系和表意的需要安排。一般顺序为:条件+时间+处所+语气+范围+否定+程度+情态+中心语。"要"是助动词,放最前面;"再"是副词,表示又一次;"反复"是情态副词,位于谓语动词前;"讨论"是谓语动词;"我们"是人称代词,做主语;"一下"动量短语做补语。本题的正确答案为:我们要再反复讨论一下。
93	我们打了一个小时篮球。	这个句子主要考查的是时量补语,表示动作、状态时间的长短,一般由表示时段的词语充当。其句式表现形式一般为:一、主语+谓语+了/过+时量补语+一般宾语(不指人的宾语),如:我听了一会儿音乐。二、主语+谓语+了/过+指人的宾语+时量补语,如:朋友等了我半个小时。"我们"是句子的主语,"篮球"是一般宾语,"一个小时"是时量补语,"打"是谓语,"了"是结构助词,用在动词后表示动作的完成。所以正确答案是:我们打了一个小时篮球。
94	他走过去开门。	这个句子主要考查的是连动句内部动词短语的排序问题。连动句的表现形式一般为:主语+动词短语1+动词短语2+助词及其他。在语义关系上,动词短语1和动词短语2可以是先后关系,也可以是方式和目的的关系,还可以表示因果关系等。但是不管语义关系如何,构成动词短语的谓词的排列顺序都遵循时间顺序,即先出现的动作在前。这个句子中动词有两个"开"和"走",根据语义,可知"开"要和"门"搭配,"走"的后面应该是趋向补语"过去"。所以正确答案应是:他走过去开门。

95	电影院大概有500个座位。	这个句子主要考查的是存现句和副词"大概"的位置。"大概"作为副词表示推测，它主要用在动词/形容词的前面。"500个"是数量短语要修饰名词，这里的名词有两个，"座位"和"电影院"；同时我们还看到存现句动词"有"，根据常识"500个"应该修饰"座位"。因而此句的正确答案是：电影院大概有500个座位。
96	公司派他去接客人。	这个句子主要考查兼语句。兼语句的表现形式为：主语＋动词1＋兼语＋动词2＋（动词3）＋助词及其他成份。动词1是"派"，动词2是"去"，动词3是"接"，从语义看，"客人"是接的宾语，"公司"是句子的主语，"他"是兼语。所以正确答案为：公司派他去接客人。
97	他的办公桌上摆满了文件。/办公桌上摆满了他的文件。	这个句子主要考查的是存现句。存现句是表示什么地方出现或消失了什么人或事物的句型。其表现形式一般为：处所/时间短语＋状语＋动词＋名词＋助词及其他成份。"办公桌上"表示处所；"文件"是名词做宾语；"他的"是指示代词短语表示所属，可以修饰"办公桌"，也可以修饰"文件"；"摆满了"做谓语动词。因而此句的正确答案是：他的办公桌上摆满了文件。/办公桌上摆满了他的文件。
98	他是昨天回来的。	"是……的"表示强调，强调说明做某件事的时间、地点、方式或人，被强调的必须是已经发生的事情。"他"是人称代词，"回来"是谓语动词，"昨天"是时间名词。本句强调时间，正确答案是：他是昨天回来的。

第二部分

99题写作示例

　　随着经济的快速增长和人们生活水平的不断提高，人们越来越喜欢旅游，也越来越重视旅游。为了能给人们提供舒适的服务，让人们的旅游变得更有意义，很多旅游公司想出了各种各样的办法。他们明白：只有人们对他们的服务满意了，他们才能挣到更多的钱。

100题写作示例

　　从这张图片，我们可以看到在马路旁有一个男人和一个女人。男的是一位盲人，他正要过马路。女的很担心他，想帮助他，于是对他说："我带你过去好吗？"从这里我们可以知道他们不认识。这个女人真善良！在生活中，我们应该像她一样主动帮助那些需要帮助的人。

模拟试卷（四）

新汉语水平考试
HSK（五级）

注　　意

一、HSK（五级）分三部分：

　　1. 听力（45题，约30分钟）

　　2. 阅读（45题，45分钟）

　　3. 书写（10题，40分钟）

二、听力结束后，有5分钟填写答题卡。

三、全部考试约125分钟（含考生填写个人信息时间5分钟）。

一、听 力

第一部分

第1-20题：请选出正确答案。

1. A 误了航班
   B 火车晚点了
   C 不想坐飞机了
   D 要乘汽车出发

2. A 老师没来
   B 没有作业
   C 他没去上课
   D 他没上完课

3. A 他们想学钢琴
   B 邻居不喜欢弹钢琴
   C 男的最近休息不好
   D 女的不喜欢弹钢琴

4. A 下了班买水果
   B 家里还有水果
   C 现在就去买水果
   D 他不喜欢吃香蕉

5. A 学习英语
   B 在网上买东西
   C 学习网络知识
   D 下载学习资料

6. A 他正在上学
   B 他工作很顺利
   C 他今年研二了
   D 他不想参加工作

7. A 她感冒了
   B 今天温度不高
   C 夏天开空调不好
   D 空调调成28°C最好

8. A 很冷
   B 比较温暖
   C 天气很热
   D 非常凉爽

9. A 小李的姐姐很瘦
   B 小李的姐姐有点胖
   C 小李长得非常漂亮
   D 男的不认识小李的姐姐

10. A 是小王写的
    B 花了两个小时
    C 经理修改好的
    D 经理很不满意

11. A 结婚
    B 洗衣服
    C 买新衣服
    D 参加婚礼

12. A 去上班
    B 下班回家
    C 到公司开会
    D 要去接孩子

13. A 质量不好
    B 暂时不要
    C 颜色不鲜艳
    D 样子过时了

14. A 太累了
    B 家里有事
    C 朋友来了
    D 要去看医生

15. A 商店
    B 宾馆
    C 火车站
    D 公交车上

16. A 下周一
    B 下周二
    C 下周三
    D 下周四

17. A 服务员
    B 售票员
    C 乘务员
    D 售货员

18. A 忘了还书了
    B 买了很多书
    C 借的书太多了
    D 不知道图书馆的规定

19. A 工作很顺利
    B 还没找到工作
    C 工作遇到问题了
    D 已经工作两年了

20. A 他每天都锻炼
    B 他没时间锻炼
    C 他比以前胖了
    D 他每天都打篮球

第二部分

第21-45题：请选出正确答案。

21. A 菜很好吃
    B 他们在饭店
    C 男的没吃过川菜
    D 今天的菜有点咸

22. A 医生
    B 记者
    C 作家
    D 主持人

23. A 机场
    B 超市
    C 邮局
    D 车站

24. A 爬山
    B 散步
    C 踢足球
    D 在游乐场

25. A 他们是母子
    B 他们在买衣柜
    C 儿子想买新衣服
    D 他们扔了很多衣服

26. A 要买鞋
    B 要过生日
    C 今年60岁
    D 在打电话

27. A 粥铺的生意
    B 健康的重要性
    C 午饭怎么解决
    D 去哪儿请客户吃饭

28. A 同事
    B 朋友
    C 亲戚
    D 邻居

29. A 他们刚开完会
    B 经理不参加会议
    C 半小时以后开会
    D 男的一会儿要发言

30. A 比较满意
    B 以后不会再去了
    C 路上时间比较长
    D 准备明年再去一趟

31. A 毛巾
    B 扇子
    C 啤酒
    D 照相机

32. A 宾馆
    B 小吃街
    C 还没确定
    D 外面饭馆

- 109 -

33. A 加班
   B 出去购物
   C 出去玩儿
   D 看望朋友

34. A 他们刚刚休完假
   B 他们平时工作很忙
   C 他们明天想去唱歌
   D 他们打算出去旅游

35. A 他们没有餐具
   B 他们的手受伤了
   C 主人不让他们吃
   D 他们的手臂不能弯曲

36. A 他们很诚实
   B 手臂没受伤
   C 二楼有餐具
   D 他们互相帮助

37. A 电影里
   B 舞台上
   C 电视剧里
   D 作家梦里

38. A 运动员
   B 中学教师
   C 大学教授
   D 公司职员

39. A 爱惜身体
   B 好好学习
   C 抓紧时间
   D 尊重父母

40. A 一次
   B 两次
   C 三次
   D 四次

41. A 反应很平淡
   B 设施被破坏了
   C 老人没办法参观
   D 参观的人很多

42. A 早晨
   B 双休日
   C 节假日
   D 工作日

43. A 上午
   B 中午
   C 下午
   D 晚上

44. A 4月22日
   B 4月23日
   C 4月24日
   D 4月25日

45. A 鼓励孩子多看书
   B 帮助孩子们上学
   C 减轻农民工的负担
   D 帮助农民工增长知识

二、阅 读

第一部分

第 46-60 题：请选出正确答案。

46-49.

五岁的小杰和爸爸、妈妈、哥哥一起到田里干活。

46 ，下起大雨来，可他们只带了一件 47 。

爸爸将雨衣给了妈妈，妈妈又给了哥哥，哥哥又给了小杰。

小杰问道："为什么爸爸把雨衣给了妈妈，妈妈给了哥哥，哥哥又给了我呢？"

爸爸 48 道："因为爸爸比妈妈强大，妈妈比哥哥强大，哥哥又比你强大呀，我们都要保护比较弱小的人。"

小杰左右看了看，跑到一边将雨衣撑开， 49 在了风雨中飘摇的一朵娇弱的小花上面。

46. A 突然　　　B 刚才　　　C 依然　　　D 最终
47. A 外套　　　B 雨衣　　　C 皮鞋　　　D 米饭
48. A 回忆　　　B 谈论　　　C 交流　　　D 回答
49. A 挡　　　　B 收　　　　C 扔　　　　D 抢

50-53.

春秋时期，有一次，晋国国王派大臣去鲁国。这个大臣回来时 50 冀地。他看见路旁有一块田地，有一位青年正在锄草。这时，那青年的 51 送饭来了，她将饭碗高举过头顶，十分恭敬地送给丈夫吃。丈夫也以同样的礼节回敬妻子。那位大臣很有 52 地说："夫妻之间如此敬重恩爱，真是难得，假如由这样的人来治理晋国，国家肯定会兴旺不衰。"于是，大臣走下车， 53 。

50. A 制造　　　B 消费　　　C 路过　　　D 增长
51. A 妻子　　　B 朋友　　　C 妹妹　　　D 妈妈
52. A 感触　　　B 想法　　　C 判断　　　D 思想
53. A 亲切地与那年轻人交谈　　　B 去感谢那个勤劳的年轻人
　　C 向年轻人的妻子表示祝贺　　　D 向年轻人报告他的出使情况

54–56.

一个陌生人给了一个六岁的女孩儿500块钱。很多人都很好奇为什么这个陌生人要给女孩儿那么多钱,有记者也来采访她原因。

小女孩儿露出甜美的微笑,回答:"我不认识他,我也不知道啊!"

后来家人让小女孩儿回想一下当时的 54 。这个小女孩儿努力地想了又想,后来她告诉父亲:"那一天,我刚好在外面玩儿,路上碰到这个人,记得当时我对着他露出微笑, 55 !"

父亲接着问道:"那么,对方有没有说什么话呢?"

小女孩儿想了想,答道:"他好像说了句,'你天使般的 56 ,化解了我多年的苦闷!'爸爸,什么是'苦闷'啊?"

54. A 气势　　　B 情景　　　C 姿势　　　D 状态
55. A 就只有这样呀　　　　　B 他表情非常严肃
　　C 他说他很喜欢我　　　　D 然后我们开始聊天
56. A 笑容　　　B 疼爱　　　C 冷静　　　D 精神

57–60.

小雨点沙沙地落下来,谁也没有注意它,小雨点觉得自己太平凡了。

湖里有许多绿色的荷叶。在一片荷叶上,两只青蛙在有趣地 57 着什么。一只青蛙望着水面,微笑着说:"你 58 到没有,小雨点是了不起的画家,在水面上画了很多圆圈,一个套一个,我怎么也看不厌。"另一只青蛙正闭着眼睛,"你听到没有,小雨点是了不起的音乐家,在荷叶上弹奏着 59 的音乐呢,我怎么也听不够。"小雨点听见了, 60 ,她笑着叫着,十分开心。

57. A 提问　　　B 建议　　　C 提醒　　　D 谈论
58. A 欣赏　　　B 注意　　　C 检查　　　D 享受
59. A 漂亮　　　B 美丽　　　C 优美　　　D 出色
60. A 高兴极了　　　　　　　B 心里很害怕
　　C 一下子藏了起来　　　　D 不明白这是为什么

第二部分

第 61-70 题：请选出与试题内容一致的一项。

61. 妻子做事马虎，干什么事情都会分心。一天，她要给丈夫理发。丈夫很担心她理发时分心，把自己的头发剪坏。妻子安慰他："别担心，我会认真给你理发的。"听后，丈夫就边看杂志边让妻子理发。看完一页，丈夫刚想翻过去，突然听见妻子在背后说："别翻，这页我还没看完呢！"

A 妻子是一位理发师
B 妻子照着杂志上的样子理发
C 妻子看杂志看得比丈夫慢
D 妻子给丈夫理发时没分心

62. 幸福像酒一样，有时让人沉醉，其实也会让人昏睡，变得不清醒。当你觉得爱情没有滋味的时候，往往就是你习惯了幸福，熟悉了爱人，这个时候其实是爱情最危险的时候。所以，交警提醒我们，最容易出车祸的地方，往往不是在崎岖的山路，而在平坦的高速路上。

A 幸福是很危险的事情
B 高速路上容易出车祸
C 人不应该过得太幸福
D 幸福有时会让人睡觉

63. 孔融是一个非常聪明而且懂礼貌的孩子。一天，父亲的朋友送来了一些梨。父亲让孔融先挑一个梨，孔融挑了一个最小的。父亲问他为什么不挑最大的，他回答说："我年纪最小，应该吃小的，把大梨给哥哥吧。"

A 孔融是家中最小的孩子
B 父亲给孔融挑了一个大梨
C 孔融给哥哥挑了一个大梨
D 父亲觉得哥哥应该吃大梨

64. 你注意到了吗，在一个和睦的家庭里，家务事会很容易解决；家庭成员能常常取得进步；他们能把事情处理得井井有条；他们享受舒适和宁静；他们无忧无虑。这样的家庭是永远荣耀的。

    A 和睦的家庭孩子更独立
    B 收拾得很整洁的家庭更和睦
    C 家庭和睦的人更擅长处理各种关系
    D 家庭和睦更有利于家庭成员的幸福

65. 北京呼吁市民在高考的时候不要开汽车，外出乘坐公共交通工具。有人建议从明年起设立中国高考节，高考那两天全国放假，以保证考生潜心高考。

    A 明年中国将设立高考节
    B 每年高考全国放两天假
    C 高考时最好乘坐公共交通出行
    D 高考的时候人们不能开车出门

66. 一个作家发现，当保持上网状态时，自己注意力分散，无法专心写书。他认为互联网损害了我们深度思考的能力。"虽然一开始减少上网时有点不知所措，但过了几周后，发现自己可以长时间保持专注，终于可以好好工作了。"

    A 作家写书的时候不能上网
    B 作家上网能保持高度的专注
    C 互联网对我们的思考能力有害
    D 互联网能让我们得到更多的信息

67. 学习别人的长处，弥补自己的不足。在同朋友的交流中，要用谦虚、友好的态度对待每一个人。把朋友当做老师，将有用的学识和幽默的言语融合在一起，你所说的话定会受到赞扬，你听到的定是学问。

    A 应该谦虚友好地对待朋友
    B 我们应该努力增加自己的学识
    C 经常受到别人赞扬的人更幽默
    D 我们要像对待朋友那样对待老师

68. 二十多年前，年轻人喜欢穿西服，每人都穿着一身比自己身体大两号的西服；喜欢戴变色镜，太阳不照时是透明的，一照就变成黑色了；男孩子喜欢留长发，喜欢留胡子；手中没有手机，头脑中想着许多事情；他们比现在的年轻人削瘦许多。

   A 变色的眼镜现在非常受欢迎
   B 现在的年轻人不喜欢穿西装
   C 二十年前的年轻人不喜欢手机
   D 二十年前的年轻人和现在有很大的不同

69. 中国有一个非常有名的企业叫"创新工场"，有一天，一个加入创新工场的员工进行自我介绍："我妈妈听到我换工作后说：'怎么会离开研究院加入工厂呢？'"

   A 我刚刚从创新工场辞职
   B 创新工场的这个员工很有名
   C 妈妈觉得研究院比工厂好很多
   D 妈妈觉得在创新工场很有前途

70. 有教授统计过，已婚的人比他们的单身同龄人要胖三至五公斤。婚前人们通常活泼好动，会更注意保持匀称的身材，很少坐在沙发上看电视，更多注意另一半对自己形象的反应，而这些情况在婚后都会发生变化。

   A 结婚后人更容易变胖
   B 已婚的人比未婚的人瘦很多
   C 我们应该更加注意自己的形象
   D 未婚的人不喜欢坐在沙发上看电视

第三部分

第 71-90 题：请选出正确答案。

71-73.

雨后，一只蜘蛛艰难地向墙上已经破碎的网爬去，由于墙壁潮湿，它爬到一定的高度就会掉下来，它一次次地向上爬，一次次地又掉下来……

第一个人看到了，他叹了一口气，自言自语："我的一生不正如这只蜘蛛吗？忙忙碌碌而无所得。"于是，他日渐消沉。

第二个人看到了，他说："这只蜘蛛真愚蠢，为什么不从旁边干燥的地方绕一下爬上去？我以后可不能像它那样愚蠢。"于是，他变得聪明起来。

第三个人看到了，他立刻被蜘蛛屡败屡战的精神感动了。于是，他变得坚强起来。

71. 蜘蛛在潮湿的墙壁上很容易：
   A 摔下来
   B 爬得很高
   C 变得消沉
   D 变得愚蠢

72. 第二段中画线词语"消沉"的意思可能是：
   A 疲惫
   B 消失
   C 很沉重
   D 没有精神动力

73. 上文主要说明的是：
   A 我们应该像蜘蛛学习
   B 蜘蛛做的事情没有意义
   C 蜘蛛是一种非常聪明的动物
   D 同一现象不同的人有不同的看法

74–77.

宋朝时候，有个人名叫田登，平时与人交往十分挑剔、苛刻。后来，他当了官，脾气更大了，很看不起老百姓。他很讨厌别人说出他的名字，而且只要是和他名字中那个"登"字发音相同的，都得换个说法。比如说"蹬"字，只能说"跳"；"登山"只能说"上山"。这还不算，老百姓用得最多的一个"灯"字，也被换成"火"字。谁要是不小心说了"灯"字，就要挨打。如果遇上田登大人情绪不好，那恐怕不止这些。当地老百姓以至于他手下的小官都非常地讨厌他。

到了元宵节，按照中国传统要闹花灯了。上级领导郡守传下命令，可以放花灯三天。可是田登的下属怎么敢写"放灯"呢？想去想来，只好写出了这样的公告牌："郡守传下令来，按传统习惯，州里放火三天。"

那公告牌写好后，高高悬挂在街头，过往百姓围在公告牌前，议论纷纷。人们说：州官可以放火，百姓不能点灯。后来，"只许州官放火，不许百姓点灯"就用来形容有权力的人乱用权力，<u>压迫</u>别人。

74. 田登规定老百姓不能做什么？

　　A 放火　　　B 打架　　　C 情绪不好　　D 念"登"字

75. 违反了田登的规定，百姓会受到怎样的惩罚？

　　A 挨打
　　B 被处死
　　C 被关进监狱
　　D 没收全部财产

76. 文章最后一行画线词"压迫"是什么意思？

　　A 欺负　　　B 讨厌　　　C 麻烦　　　D 希望

77. 田登这个人：

　　A 脾气很大
　　B 很爱护百姓
　　C 很受领导喜欢
　　D 没有什么权力

78-81.

李嘉诚 1928 年出生于广东,父亲是小学校长。1940 年全家去了香港。两年后,父亲病逝。为了养活母亲和弟妹,李嘉诚被迫放弃学业,走上社会谋生。开始,李嘉诚在一间玩具制造公司当推销员。工作虽然繁忙,失学的李嘉诚仍用工余之暇到夜校进修,补习文化。由于勤奋好学,精明能干,不到 20 岁,他便升任了塑料玩具厂的总经理。两年后,李嘉诚把握时机,用平时省吃俭用积蓄的钱创办了自己的塑胶厂,他将它命名为"长江塑胶厂"。1958 年,李嘉诚开始投资地产市场。他独到的眼光和精明的开发策略使"长江"很快成为香港的一大地产发展和投资实业公司。当"长江实业"于 1972 年上市时,其股票被超额认购 65 倍。到 70 年代末期,他在同辈大亨中已排众而出。1979 年,"长江"购入老牌英资商行——"和记黄埔",李嘉诚因而成为首位收购英资商行的华人。后来,李嘉诚一度成为香港最富有的人。

78. 李嘉诚父亲病逝时是:
    A 1940 年   B 1941 年
    C 1942 年   D 1943 年

79. 失学后,李嘉诚:
    A 放弃了文化课   B 20 岁当上了总经理
    C 工作占用了所有的时间   D 为一家玩具公司当推销员

80. 李嘉诚的第一个工厂:
    A 生产塑胶   B 制造塑料玩具
    C 投资地产行业   D 是"和记黄埔"

81. 根据上文,可以知道李嘉诚:
    A 勤奋好学   B 学历很高
    C 从小就很富有   D 父亲是中学老师

82–86.

有两个人想学下棋。他们听说弈秋是全国最有名的棋手，就一起来到弈秋这里，拜弈秋为师学下棋。

由于这两个学下棋的人学习时用心程度不一样，最后学习的结果也就不一样。其中一个人学下棋时全神贯注地听弈秋讲解下棋的技艺。因为他听讲时思想集中，学得快，懂得深，下棋的技巧也掌握得熟练，后来也成了一名出色的棋手。另一个学下棋的人则不同，每次当弈秋讲下棋的时候，他虽然也坐在那里听，可是思想却开了小差，总觉得有大天鹅快要飞过来了。他一心想着当天鹅飞近后该如何拿弓，如何搭箭，又要如何瞄准，然后再怎样放箭，向最大的天鹅射去，等等。这个人虽然和第一个人在一起学习下棋，但由于他老是思想不集中，老是沉浸在遐想之中，结果学习的效果远远不如前一个全神贯注、用心学习下棋的人。

82. 关于弈秋，可以知道：
   A 很会下棋   B 老师很厉害
   C 很喜欢天鹅   D 很擅长搭箭

83. 第一个学生：
   A 思想不集中   B 性格非常开朗
   C 考试考了满分   D 后来下棋下得很好

84. 第二段画线句子"开了小差"意思是：
   A 不集中   B 要出差
   C 水平不高   D 学得很快

85. 第二个学生：
   A 精神总是不集中   B 学习能力非常强
   C 是个非常专心的人 D 是全国最有名的棋手

86. 下列哪项最适合做本文的题目：
   A 最美的天鹅   B 想象的力量
   C 最著名的棋手   D 两个徒弟学下棋

87-90.

朋友老谢管理一家公司。有一天，秘书向他汇报，有个人上门联系代理广告业务。老谢安排次日见面。第二天，那个人来了老谢的公司。这个小伙子就是老总，看上去比老谢还要年轻，态度谦恭诚恳，操一口生硬的普通话。老谢同他谈了不长时间，就将他打发走了。

我问老谢为什么这么快就放弃了这笔生意。老谢说："这个人是骑着一辆自行车来的。另外，我的助手说他们公司的地址也不好，这说明他不具备任何实力，他的身份很可疑，我把那么大一笔广告费扔给他，搞砸了怎么办？"

老谢的逻辑似乎无懈可击，我不由佩服他的细心。然而我们都错了。仅仅两年之后，那位小伙子创办的公司迅速崛起，如日中天，年营业额突破两亿元。而老谢的公司，一天天走向衰败，与早年已不可同日而语。这位小伙子就是朱威廉，跨国集团联美广告有限公司的老总，同时还是著名的文学网站"榕树下"的创始人。

朱威廉是在美国长大的，他父母是台湾人，在美国开有 7 家餐厅，月赢利 50 万美金。在最近一次同老谢的聚会中，老谢总结他商场失利的原因，说了这么一句话："我和朱威廉都同样生在有钱的人家，而我之所以失败，是因为我只会坐奔驰，不会骑单车。"

87. 一开始，朋友老谢觉得小伙子：
    A 没有实力　　　　　　　　B 能力很强
    C 家里很富有　　　　　　　D 普通话讲得很好

88. 根据上文，小伙子：
    A 不会骑自行车　　　　　　B 小时候家里很穷
    C 平时生活很奢侈　　　　　D 生意做得非常成功

89. 老谢后来：
    A 很爱惜人才　　　　　　　B 公司越做越大
    C 创立了"榕树下"　　　　　D 慢慢不如以前了

90. 老谢最后觉得要成功应该：
    A 能吃苦　　　　　　　　　B 读很多书
    C 家庭背景好　　　　　　　D 多参加聚会

三、书 写

第一部分

第91-98题：完成句子。

例如：发表　　这篇论文　　什么时候　　是　　的

这篇论文是什么时候发表的？

91. 上课　　　　正在　　　　他　　　　教室

92. 所有的人　　他　　　　　来了　　　都　　　　除了

93. 问题　　　　回答对了　　连　　　　这么难的　　都　　　他

94. 他　　　　　一张　　　　电影票　　送　　　　我

95. 太喜欢　　　吃　　　　　他　　　　中国菜　　　了　　　　实在

96. 赢得　　　　我们　　　　比赛　　　很精彩　　　那天的

97. 你的　　　　带　　　　　雨伞　　　来了　　　　没有

98. 感冒　　　　你　　　　　这么　　　怎么　　　　啊　　　　厉害

第二部分

第 99-100 题：写作文。

99. 请结合下列词语（要全部使用），写一篇 80 字左右的短文。

宝贵、了解、称赞、丰富、开心

100. 请结合这张图片写一篇 80 字左右的短文。

听力材料

（音乐，30秒，渐弱）

大家好！欢迎参加 HSK（五级）考试。
大家好！欢迎参加 HSK（五级）考试。
大家好！欢迎参加 HSK（五级）考试。

HSK（五级）听力考试分两部分，共45题。
请大家注意，听力考试现在开始。

第一部分

第1到20题，请选出正确答案。现在开始第1题：

1. 男：对不起，小姐，现在已经不能登机了。
   女：还是晚了一步。我想改签，该去哪里办理呢？
   问：关于女的，下列哪项正确？

2. 女：昨天老师给我们留了什么作业？
   男：我也不太清楚，因为有事我只上了一会儿就走了。我们一起去问问刘伟吧。
   问：男的是什么意思？

3. 男：最近我一直睡不着，隔壁晚上弹钢琴的声音太大了。
   女：咱们今天去和邻居好好说说。
   问：根据对话，可以知道什么？

4. 女：家里好像没有水果了，咱们得去买点了。
   男：好啊，我下班回来买点香蕉和苹果，怎么样？
   问：男的要做什么？

5. 男：今天上午我下载了很多汉语学习资料，非常实用。
   女：你从哪个网站下的？我也想去这个网站看看。
   问：女的想做什么？

6. 女：还有两个月就毕业了，你打算读研究生还是找工作？
   男：我想先工作，有机会的话再读研究生。

问：关于男的，下列哪项正确？

7. 男：夏天不要把空调温度调得太低，很容易感冒的。
   女：是啊，办公室温度太低，外面又太高，我昨天刚感冒。
   问：根据对话，可以知道什么？

8. 女：三月的北京真冷！
   男：北京的春天要到四月份才开始，你现在得注意保暖。
   问：三月份的北京怎么样？

9. 男：刚才和你说话的是小李吗？怎么瘦了这么多？
   女：那是她姐姐，比小李大两岁。
   问：男的是什么意思？

10. 女：小王，你的这个报告写得非常好，花了不少时间吧？
    男：谢谢经理夸奖，这是我应该做的。我写完后修改了两遍，用了一晚上才完成。
    问：关于报告，可以知道什么？

11. 男：我明天要穿的衣服你准备好了吗？
    女：当然啦！参加别人的婚礼可不能穿得太随便了。
    问：他们明天有什么安排？

12. 女：师傅，麻烦您开快点儿好吗？孩子在幼儿园该等着急了。
    男：别着急，我们还有五分钟就到了。
    问：女的要去哪儿？

13. 男：这件衣服你要的话，我给你打八折，八十块钱怎么样？
    女：还是有点儿贵，我再转转吧。
    问：女的是什么意思？

14. 女：王经理，我和大夫约了明天看牙，我想请半天假可以吗？
    男：好的，没问题，身体要紧。
    问：女的为什么要请假？

15. 男：阿姨，您坐这儿吧。
    女：谢谢你，小伙子。我下站就到了，你坐吧。
    问：他们最可能在哪儿？

16. 女：因为天气的原因，运动会推迟到下周一了。

男：我也听说了。希望那时候不下雨。
问：运动会推迟到什么时候了？

17. 男：小姐，结账。一共多少钱？
    女：先生，您一共消费了二百元。
    问：女的可能是做什么工作的？

18. 女：对不起，每人一次最多只能借五本书。
    男：真是抱歉！我忘了这个规定了。
    问：男的怎么了？

19. 男：最近工作找得怎么样了？
    女：参加了几个面试，还没有遇到合适的。
    问：关于女的，下列哪项正确？

20. 女：看你瘦了不少了，现在每天还坚持锻炼吗？
    男：对啊，我每天慢跑半小时。
    问：男的是什么意思？

第二部分

第21到45题，请选出正确答案。现在开始第21题：

21. 女：来，再尝尝这个！多吃点儿！这些都是我专门给你做的。
    男：谢谢！我已经吃得很饱了。说实话，我从来没吃过这么地道的川菜。
    女：以后你想吃川菜的时候，别客气，就来这里。
    男：以后肯定少不了打扰你的。
    问：根据对话，下列哪项正确？

22. 男：请坐。你哪里不舒服？
    女：最近我常常失眠，还容易忘事情。
    男：以前有过这种情况吗？您多大年纪了？
    女：以前没有过这种情况。我今年六十岁了。
    问：男的是做什么的？

23. 女：您好！我要寄一个包裹。
    男：您先填一下这个邮寄单。
    女：好的，请问寄到上海要多长时间？
    男：三天左右。

问：他们最可能在哪儿？

24. 男：要不要我帮你背一个包？你看你累得快走不动了。
    女：我自己能背得动，你的包已经够重了。
    男：这两个包对我来说不算什么，再加一个也没关系。
    女：小心你爬到山顶以后没力气下来。
    问：他们在做什么？

25. 女：这些衣服先别扔，以后没准儿能有用。
    男：妈，咱家的衣柜该好好清理一下了。
    女：你说的也对，那等周末再好好收拾一下吧。
    男：好，周末我帮您一块儿收拾。
    问：根据对话，下面哪一项正确？

26. 男：请问您需要点儿什么？
    女：后天是爸爸的生日，我想给爸爸买双鞋。您可以推荐一下吗？
    男：当然可以！请问您的父亲多大年纪？
    女：他今年六十岁了。
    男：那您看这双怎么样？样式大方，价格合理，穿着也舒服。
    问：关于女的，可以知道什么？

27. 女：中午我们吃什么？
    男：好长时间没去喝粥了，我们去喝粥怎么样？
    女：好啊，喝粥养胃，也健康。我们就去喝粥吧。
    男：咱们单位附近新开了一家粥铺，我们去那儿吧。
    问：他们在谈论什么？

28. 男：祝贺你！顺利通过了我们公司的考试！
    女：谢谢！能在这里工作是我的荣幸。
    男：继续加油！
    女：好，我一定会的！
    问：他们是什么关系？

29. 女：这个建议很好，一会儿开会的时候你可以给大家说说。
    男：好的，张经理，那我先去准备一下了。
    女：对了，你掌握一下时间，大概半小时左右。
    男：没问题。
    问：根据对话，可以知道什么？

30. 男：你们这次玩得怎么样？觉得西安怎么样？
    女：我们玩得很开心，准备以后再去一趟。
    男：你们坐飞机去的吗？
    女：对，两个小时就到了，很快。
    问：女的对这次旅游是什么看法？

第31到32题是根据下面一段对话：
    男：服务员，我房间里少一条毛巾。
    女：对不起，先生，我们马上给您送一条新的去，请稍等。
    男：没关系，那我等你们。
    女：先生，我们宾馆有早餐提供，您需要吗？
    男：我再考虑一下吧，要的话我再给你打电话。
    女：好的，祝您在我们宾馆过得愉快，有需要随时给我打电话。

31. 男的房间里少什么？
32. 男的想在哪里吃早餐？

第33到34题是根据下面一段对话：
    女：最近太累了，很长时间都没出去玩儿了，明天出去轻松一下，怎么样？
    男：好啊，你说我们去哪里好呢？
    女：我们先去看电影，然后再一起去吃好吃的，怎么样？
    男：好主意！你想看什么？
    女：去看《爱丽丝梦游仙境》吧。

33. 他们明天准备做什么？
34. 根据对话，可以知道什么？

第35到37题是根据下面一段话：
    有个作家做了一个梦，梦中他来到一个二层小楼。一层有一张很长的大桌子，桌旁坐着很多人，桌子上面摆满了好吃的菜，可是没有一个人能吃得到，因为大家的手臂是直的，不能弯曲，所以桌上的好吃的不能吃到嘴里，看起来都很痛苦。但是他听到楼上充满了欢快的笑声，他好奇地上楼一看，也有一群人，手臂也是不能弯曲，但是大家却吃得兴高采烈。原来每个人的手臂虽然不能弯曲，但是因为他们互相协助，给对面的人夹菜喂食，结果大家不仅吃到了东西，而且吃得很高兴。

35. 一楼的人为什么吃不到菜？
36. 根据文章，为什么二楼的人能吃到菜？
37. 这个故事发生在哪里？

第 38 到 40 题是根据下面一段话：

有个著名的运动员，他的母亲原来只是一名普通的中学教师，但她十分珍惜时间，抓住每一分钟刻苦自学，后来成了大学的副教授。她经常对那个运动员说："上天给你的生命不过是许多分钟，而且是有限的。你必须好好利用每一分钟。"由于受到母亲的影响，那个运动员抓紧每一分钟训练，终于有了丰厚的回报，他在 1981-1984 年连续 4 次获得世界冠军。

38. 运动员的妈妈以前是做什么工作的？
39. 妈妈教育运动员应该怎样？
40. 运动员一共得了几次世界冠军？

第 41 到 43 题是根据下面一段话：

现在北京已经有 33 家博物馆免费开放。提前打电话或者上网预订免费门票变成了很好的选择，这是因为，博物馆免费开放后，参观的人很多。因此博物馆工作人员建议人们根据自己的情况合理选择参观时间。比如多数上班的人因工作日没有时间，而选择在双休日、节假日参观博物馆，那么退休老人或平时时间较多的人应该尽量避免在双休日、节假日参观博物馆，而应该选择在工作日参观；平时参观博物馆时，人们也最好选择下午参观，因为上午参观的人很多。

41. 博物馆免费开放后出现了什么情况？
42. 退休老人什么时候参观博物馆比较好？
43. 一天中什么时间参观的游客比较多？

第 44 到 45 题是根据下面一段话：

4 月 23 日是世界读书日。读书协会的网友在日坛公园组织了为农民工的孩子捐书的爱心活动。据了解，该活动得到了很多网友的支持，而且许多市民也来参加捐书活动，为孩子奉献自己的爱心。这次活动的组织者告诉记者，他们的目的就是鼓励大家多看书，多学习一些知识，多关注和帮助那些农民工的孩子，让他们有书读。

44. 这次活动是什么时间举行的？
45. 这次活动的目的是什么？

听力考试现在结束。

答案及解析

一、听力

题号	答案	解析
1	A	根据"对不起"可以知道事情的情况不太好,"登机"可知在飞机场。
2	D	根据"我只上了一会儿就走了"知道选D。重点信息:"我也不太清楚"
3	C	"好好说说"表示:好好商量,用礼貌平和的方式。
4	A	"买点儿香蕉苹果怎么样"中"怎么样"表示在询问对方的意见。例如:今天太热了,我们来点儿冰镇汽水怎么样?
5	D	重点信息:"下载"、"网站"。关于网络的词汇有:下载、上传、浏览、网页、网站、播放、视频、删除、论坛等。
6	A	"先工作,……再读研究生"中"先……然后……再……"表示动作的先后顺序。例如:早上起床后,我先刷牙,然后洗脸,再吃早饭。
7	A	重点信息:"把温度调得太低"、"感冒"
8	A	"春天到四月份才开始"中"才"强调很晚,意思是春天来的时间很晚。
9	A	"怎么瘦了这么多"中"怎么"表示问原因,和"为什么"同义。
10	A	重点信息:"修改"、"一个晚上"
11	D	"太随便了"在对话中表示穿的衣服不正式,不够礼貌。
12	D	地点题。"麻烦你开快点儿"表示催促。"动词+形容词+点儿"表示对别人的要求或请求。例如:太热了,麻烦你把空调温度调低点儿。
13	B	"有点儿贵"中"有点儿+形容词"表示不太满意。
14	D	原因题。"要紧"表示重要的,紧急的。例如:这件事情很要紧,你必须马上去办!
15	D	地点题。重要信息:"您坐这儿"、"下站就到了"
16	A	时间题。"运动会推迟到下周一"中"推迟到+时间"表示时间向后发生了变化,例如:因为突然有事,我们推迟到下周三出差。
17	A	职业题。重点信息:"结账"、"消费"
18	C	"最多"和"至多"同义,反义词是"最少"和"至少"。
19	B	重点信息:"参加面试"、"合适"
20	A	重点信息:"瘦了不少"、"对呀"、"慢跑"

21	A	"专门"表示只是为了一个目的，例如：我这次是专门来看望你的。 "从来没"表示以前从来没有这样的经历，例如：我从来没去过上海。
22	A	职业题。"失眠"意思是睡不着觉。 "多大年纪了"用来问老年人的年龄。 "你多大"问年轻人。 "你几岁"问小孩子。
23	C	地点题。重点信息："寄包裹"、"寄到上海要多长时间"
24	A	"这两个包对我来说不算什么"中"不算什么"表示很容易的事情，没有关系。例如：哥哥的体育很棒，跑一万米对他来说不算什么。（哥哥跑一万米很容易。）
25	A	"等周末再好好收拾一下"中"等"表示等待到将来的某个时间做某事。例如：等你下班了，我们一起去吃饭。 重点信息："先别扔"、"清理"、"打扫"
26	A	重点信息："您需要什么"、"您可以推荐一下吗"
27	C	主旨题。"怎么样"表示询问他人意见。例如：改天去怎么样？ 重点信息："吃什么"
28	A	人物关系题。"通过考试"是固定搭配。"……是我的荣幸"是一种很有礼貌的说法。
29	D	"掌握一下时间"的意思是控制好时间的长短。 重点信息："开会"、"张经理"
30	A	观点题。"两个小时就到了"中"就"是强调时间短。"就"还可以强调很简单。例如：这道题太简单了，我听老师说了一遍就懂了。 重点信息："玩得很开心"、"坐飞机"
31	A	第31题："少了一条毛巾"中"少"表示缺少，不够的意思。 第32题："要的话给你打电话"中"的话"表示如果的意思。例如：你明天来的话，别忘了提前告诉我。 重点信息："服务员"、"考虑"、"提供"
32	C	
33	C	第33题："出去轻松一下"的意思是放松、休息、玩玩。 第34题："工作那么累"可以知道他们工作很忙。 "……好呢"表示询问对方意见。例如：这两件衣服都很漂亮，你说我买哪件好呢？ 重点信息："看电影"、"吃好吃的"
34	B	

35	D	第35-37题是一个非常有哲理的小故事，在听的时候需要抓住重点词："做梦"、"直的"、"弯的"、"很痛苦"、"互相协助"、"喂食"。
36	D	"看起来很痛苦"中"看起来"表示表现出的样子或状态。例如：他看起来很累。（他表现出很累的样子。）
37	D	"吃得到"、"吃不到"都是可能补语的用法。
38	B	第38-40题："珍惜时间"、"受到影响"、"获得冠军"是固定搭配。本题在句型和语法上没有难点，关键是考查学生的听力词汇量。 要求考生掌握的词汇：原来、抓住、有限的、利用、回报、连续。
39	C	
40	D	
41	D	第41-43题：听力题中，关于时间的词，这些时间词之间的关系，以及与时间相关的事件等等，听的时候要特别注意。这段话的重点就在考查这方面的内容。 重点信息："双休日"、"节假日"、"工作日"、"上午"、"下午" "平时参观博物馆时，人们最好选择下午参观"中"最好"用在给他人一个好的建议。例如：张总出差了，你最好明天再来，他那个时候在公司。
42	D	
43	A	
44	B	第44-45题是新闻类的题，在新闻类听力题中，需要注意的重要信息有：都有谁，在哪儿，干了什么，为了什么。 第44题的重点信息："4月23日是世界读书日"。
45	A	第45题的重点信息："他们的目的就是鼓励大家多去看书，多学习一些知识。"

二、阅读

题号	答案	解析
46	A	考查副词。空格处单独成句,且叙述正在发生的事情,所以选A;B项"刚才"和C项"依然"都不能单独成句;D项"最终"说的是最后的结果,不合适。
47	B	考查名词。读完整个故事,可知故事围绕"雨衣"展开,所以选B。
48	D	考查动词。联系上下文,可知爸爸是在回答小杰的问题,所以答案只能是D;A项"回忆"的是过去的事情;B项"谈论"应该是话题,如谈论饮食,谈论留学等;C项"交流"是双方的,一般是某某和某某交流。
49	A	考查动词及用法。根据前面的故事可知,小杰受到家人启发想保护"娇弱的小花",应该选A;B项"收"和D项"抢"都不能与"在"搭配;C项"扔"是很随意的,不能表示小杰爱惜小花的心情。
50	C	考查动词的用法。A项"制造"是及物动词,后面要跟名词性结构,如制造汽车/飞机/家具等,所以此项不合适;B项"消费"作为动词,一般对象是日常生活用品或者钱;C项"路过"作动词时后面一般跟地方,"冀地"是一个地方,从语义看非常合适;D项"增长"意思是提高、增加,作谓语,后面一般是名词性结构或百分数,如增长知识/才干等。
51	A	"她将饭碗高举过头顶,十分恭敬地送给丈夫吃",从这句话可以判断二人是夫妻关系,空格中应该选择A项"妻子"。
52	A	这里主要考查哪个名词可以和"有"搭配而且意义合适。A项"感触"的意思是跟外界接触而引起的情绪。这位大臣看到年轻人和妻子互相敬重,由此情此景产生感慨,说出了下面的话,A项非常合适。B项"想法"的意思是思考以后的结果、意见。和"有"搭配时表示一个人有自己的看法和主意。从意思上看不合适。C项"判断"从搭配上看,不能说有判断,而要说有判断力。D项"思想",从搭配上看"有思想"的意思是说一个人有自己的独到见解,而且看法往往比较深刻,意思不合适。
53	A	从上面大臣的话中可以知道大臣非常赞赏夫妻两人的做法,并认为年轻人是一个可以治理国家的人才,有意要认识他,所以他需要与年轻人交谈认识并进一步了解情况,因此他走下车要交往的重点是年轻人而不是他的妻子,所以选项A很合适,选项C不符合。选项B"去感谢那个勤劳的年轻人",从上文看大臣没有这样做的理由。选项D"向年轻人报告他的出使情况",不符合实际情况,大臣没有这样做的必要。
54	B	根据下文,可知女孩儿在回忆那天和陌生人见面的事情,所以此处应选B。

55	A	从下文父亲的追问可知女孩儿的回忆到此结束，应选择A项；从下文父亲问对方有没有说什么话可以知道，小女孩在回忆的时候没有提到陌生人说的话，所以C项、D项都不正确；从文中可以知道，小女孩对陌生人微笑，陌生人心情高兴，所以给了她500块钱，因此B项说陌生人表情严肃是错误的。
56	A	从上文看女孩儿只对陌生人微笑了，没有做别的事情，而且"天使般"只能与微笑搭配，所以选A。
57	D	考查动词。从下文可以知道两只青蛙在聊天，所以选D；A项"提问"，B项"建议"和C项"提醒"都是一方对另一方的动作。
58	B	考查动词。从下文另一只青蛙闭着眼睛可以知道，这里动词"注意"最合适，所以选B；A项"欣赏"、C项"检查"都不能是闭着眼睛完成的；D项"享受"是及物动词，后面一般与"生活/音乐/美景"等搭配。
59	C	考查形容词与名词搭配。能修饰音乐的词语只能是"优美"，因此这里应该选C；A项"漂亮"和B项"美丽"一般修饰"人/衣服/景色"等；D项"出色"一般修饰人。
60	A	考查上下文衔接。从上下文可知小雨点听到了青蛙对她的夸奖，非常开心，所以选A。
61	C	根据最后一句话可知答案应为C；A项和B项文中没有提及；从文中可以知道，妻子边看杂志边给丈夫理发，所以D项错误。
62	B	"最容易出车祸的地方，往往不是在崎岖的山路，而在平坦的高速路上"与B意思相同；从第一句可以知道，幸福让人昏睡，变得不清醒，不是说让人睡觉，所以D项错误。
63	A	从孔融的回答"我年纪最小"可以知道A选项正确；B项与原文中"父亲让孔融先挑一个梨"意思不符；原文中孔融觉得哥哥应该吃大梨，因此D也不对。
64	D	文章对和睦家庭的表示，只能用"幸福"来形容，选D。
65	C	根据第一句话可知C项正确；从最后一句话可以知道，设立高考节和高考全国放假两天，只是有人的建议，所以A项和B项说法错误；从第一句话可以知道，高考的时候不要开车出门是北京呼吁市民做的事情，不是强制的，所以D项说法错误。
66	C	"他认为互联网损害了我们深度思考的能力"与C项同义；从第一句话可以知道，上网时注意力不集中，无法专心写书，不是不能写书，所以A项和B项错误；D项文中没有提及。
67	A	根据"在同朋友的交流中，要用谦虚、友好的态度对待每一个人"选A；B项和C项文中没有提及；文中"把朋友当做老师"的意思是在与朋友交流的时候要谦虚，学习朋友的长处，不是像对待朋友那样对待老师。

68	D	这段话对二十年前的年轻人的穿着打扮做了详细说明，A项错误，因为原文中没有提及；文章最后一句明确说明和现在年轻人的不同，可知D项正确。
69	C	从妈妈的问话"怎么会离开研究院加入工厂呢"可以知道C项正确；从最后一句话可以知道我刚刚加入创新工场，所以A项错误；文中说的是创新工场这个企业很有名，不是员工有名，所以B项错误；从妈妈的问话可以知道，妈妈觉得在研究院工作好，对"我"离开研究院加入创新工场很不理解，所以D项错误。（注："工厂"与"工场"同音）
70	A	第一句是主旨句，后面主要解释这种变化的原因，可以知道应该选A；从第一句话可以知道，已婚的人比他们的同龄人要胖，所以B项说法错误；从最后一句话可以知道，未婚的人为了保持自己的形象，很少坐在沙发上看电视，并不是不喜欢坐沙发，所以C项和D项说法错误。
71	A	细节题。根据"它爬到一定的高度，就会掉下来，它一次次地向上爬，一次次地又掉下来"可以知道选A。
72	D	"他叹了一口气，自言自语：'我的一生不正如这只蜘蛛吗？忙忙碌碌而无所得。'"意思是他觉得自己的人生过得非常忙碌，但却没有得到什么收获。我们可以知道他没有精神动力，选D。
73	D	主旨题。同一个现象，三个人有三个不同的看法，从中学到了不同的东西，所以这篇文章的主旨应选D。
74	D	细节题。根据"他很讨厌别人说出他的名字，而且只要是和他名字中那个'登'字发音相同的，都得换个说法"这句话可以知道老百姓不准念"登"字，所以选D。
75	A	细节题。"谁要是不小心说了'灯'字就要挨打"，根据这句话可以知道选A。
76	A	猜词义题。结合文章中田登做的事情可以知道他欺负老百姓，所以选A。
77	A	细节题。根据"后来，他当了官，脾气更大了"以及"谁要是不小心说了'灯'字，就要挨打"可以知道田登脾气很不好，所以选A。
78	C	数字题。根据"1940年全家去了香港。两年后，父亲病逝"知道父亲病逝时是1942年。
79	D	细节题。根据"开始，李嘉诚为一间玩具制造公司当推销员"可以知道选D。
80	A	细节题。根据"（李嘉诚）用平时省吃俭用积蓄的钱创办了自己的塑胶厂"知道李嘉诚的第一个工厂是生产塑胶的，所以选A。
81	A	细节题。根据"工作虽然繁忙，失学的李嘉诚仍用工余之暇到夜校进修，补习文化"知道李嘉诚很勤奋好学，所以选A。
82	A	细节题。根据"他们听说弈秋是全国最有名的棋手"可以知道弈秋很会下棋，所以选A。

83	D	细节题。根据"其中一个人学下棋时全神贯注地听弈秋讲解下棋的技艺。因为他听讲时思想集中,学得快,懂得深,下棋的技巧也掌握得熟练,后来也成了一名出色的棋手"知道第一个学生学习时思想很集中,后来也成了有名的棋手,所以答案选 D。
84	A	猜词义题,做猜词义题时一定要结合上下文。根据上下文知道,第二个人思想很不集中,上课的时候总想着天鹅,所以"开了小差"指思想不集中,答案选 A。
85	A	细节题。第二个人上课时总想着天鹅,他的思想很不集中,所以选 A。
86	D	主旨题。两个人学下棋,一个专心,成了有名的棋手,一个不专心,结果学得很差,所以文章的题目选 D 比较合适;A 项可以作为介绍天鹅的文章的题目;B 项可以作为写"想象"的文章的题目;C 项的重点是"最著名"。
87	A	细节题。跟据老谢的话"我的助手说他公司的地址也不好,这说明他不具备任何实力"可以知道应该选 A。
88	D	细节题。从"这位小伙子就是朱威廉,跨国集团联美广告有限公司的老总,同时还是著名的文学网站'榕树下'的创始人"可以知道小伙子生意做得很好,所以选 D。
89	D	细节题。从"老谢总结他商场失利的原因"可以知道老谢生意上失败了,不如以前了,所以选 D。
90	A	细节题。根据"我和朱威廉都同样生在有钱的人家,而我之所以失败,是因为我只会坐奔驰,不会骑单车"可以知道,同样家里很有钱,朱威廉很能吃苦,所以成功了,选 A。

三、写作

第一部分

题号	答案	解析
91	他正在教室上课。	这个句子是个简单句,主要考查副词"正"。句子主干是"他上课。""教室"是地点名词,"在教室"是介词短语说明上课地点,"正"是副词,表示正在进行。所以这个句子正确顺序为"他正在教室上课。"
92	除了他所有的人都来了。	这个句子主要考查的是"除了……都"的用法,这个固定搭配的意思是只有一个例外。结构如下:除了某人/某物(+以外)+其他人或物+都+动词。因而此句的正确答案是:除了他所有的人都来了。
93	他连这么难的问题都回答对了。	这个句子主要考查的是"连……都"结构:主语+连+名词性结构+都+动词。正确答案为:他连这么难的问题都回答对了。
94	他送我一张电影票。	这个句子主要考查的是双宾结构:动词+某人+某物。所以正确答案为"他送我一张电影票。"
95	他实在太喜欢吃中国菜了。	"喜欢"与"吃"搭配,"太"修饰"喜欢","实在"修饰"太喜欢",所以正确答案为"他实在太喜欢吃中国菜了。"
96	那天的比赛我们赢得很精彩。	这个句子主要考查的是状态补语。"动词+得+形容词"是状态补语的典型结构,因此,这个句子的正确答案是"那天的比赛我们赢得很精彩。"
97	你的雨伞带来了没有?	这个句子主要考查的是一种特殊的疑问句:正反问句,"动词+没有"表示"有没有+动词",所以正确答案是"你的雨伞带来了没有?"
98	你感冒怎么这么厉害啊?	这个句子主要考查的是反问句,即用问句的形式表达肯定的意思。"你感冒厉害"是句子的主干,"怎么这么"修饰"厉害",是强调程度深,所以正确答案为"你感冒怎么这么厉害啊?"

第二部分

99 题写作示例

　　朋友是一个人非常宝贵的财富，他们能使你的人生更加丰富多彩。真正的朋友一般都非常了解你，知道你的性格、爱好，在你需要的时候关心你，在你取得进步的时候称赞你，在你遇到问题的时候帮助你，在你心情不好的时候哄你开心，给你力量。

100 题写作示例

　　这张图片里，两位六十岁左右的老年人和一个三四岁的孩子都在书店看书，没有座位，他们就站着看，他们都被书里的内容吸引着。看到他们，我觉得我应该向他们学习，多多学习知识，养成爱看书的好习惯。

模拟试卷（五）

新汉语水平考试
HSK（五级）

注　意

一、HSK（五级）分三部分：

　　1. 听力（45题，约30分钟）

　　2. 阅读（45题，45分钟）

　　3. 书写（10题，40分钟）

二、听力结束后，有5分钟填写答题卡。

三、全部考试约125分钟（含考生填写个人信息时间5分钟）。

一、听 力

第一部分

第1-20题：请选出正确答案。

1. A 去买衣服
   B 去散步
   C 回家休息
   D 一起去锻炼

2. A 保洁员
   B 服务员
   C 乘务员
   D 售票员

3. A 火车站
   B 地铁里
   C 飞机场
   D 公交车上

4. A 钥匙丢了
   B 男的不在家
   C 他们到家了
   D 女的买了很多东西

5. A 歌词
   B 演唱者
   C 词作者
   D 作曲者

6. A "五一"去上海了
   B 要去上海出差
   C 要请假去上海
   D 觉得上海没意思

7. A 洗衣机坏了
   B 要洗的衣服很多
   C 洗衣粉没了
   D 女的用手洗衣服

8. A 在做作业
   B 想看动画片
   C 在看动画片
   D 今天没有作业

9. A 最近很忙
   B 要搬家了
   C 第一次来跳舞
   D 认为跳舞没意思

10. A 他们要迟到了
    B 飞机晚点了
    C 他们到机场了
    D 妈妈下飞机了

11. A 她和朋友住
    B 她朋友很多
    C 她现在很孤单
    D 她和父母一起住

12. A 修车
    B 买车
    C 加油
    D 卖车

13. A 儿子该睡了
    B 故事很好听
    C 儿子困极了
    D 妈妈明天出差

14. A 小张受伤了
    B 小偷逃跑了
    C 小张抓了小偷
    D 小张没看见小偷

15. A 医生
    B 厨师
    C 司机
    D 经理

16. A 女的明天去看球
    B 女的把球票送人了
    C 女的对足球没兴趣
    D 他们晚上一起去看

17. A 夫妻
    B 亲戚
    C 朋友
    D 同事

18. A 路上
    B 公司
    C 银行
    D 商场

19. A 论文交了
    B 在找工作
    C 快完成论文了
    D 已经找到工作了

20. A 还没考虑
    B 想多请些人
    C 结婚照很漂亮
    D 男的不想照结婚照

第二部分

第21-45题：请选出正确答案。

21. A 比赛结束了
    B 他们是搭档
    C 男的赢了一场
    D 女的明天比赛

22. A 洗照片
    B 学习摄影
    C 去外地旅游
    D 教别人摄影

23. A 爬山
    B 跑步
    C 游泳
    D 打羽毛球

24. A 他是记者
    B 发表文章了
    C 不喜欢写文章
    D 受到了领导的表扬

25. A 现在是上班时间
    B 女的早起跑步了
    C 女的早起买菜了
    D 早上家里来客人了

26. A 他们打算去散步
    B 男的要继续忙
    C 男的眼睛受伤了
    D 女的生病了

27. A 超市的西瓜很甜
    B 市场上西瓜便宜些
    C 男的不喜欢吃西瓜
    D 女的买的西瓜不好吃

28. A 外面下雨了
    B 家里现在没伞
    C 男的的伞在办公室
    D 他们今天不用上班

29. A 女的喜欢吃面条
    B 男的不喜欢吃包子
    C 女的一般不吃早餐
    D 男的早餐一般喝牛奶

30. A 男的吃饱了
    B 女的受伤了
    C 女的打碎了杯子
    D 男的不想吃饭了

31. A 男的想买裤子
    B 男的一米八
    C 这条裤子不合适
    D 男的不喜欢这条裤子

32. A 120元
    B 咖啡色
    C 太长了
    D 只剩一条了

33. A 机场
    B 饭店里
    C 公交车上
    D 出租车上

34. A 男的很累
    B 到机场了
    C 女的态度不好
    D 他带了两件行李

35. A 导演很孝顺
    B 小鸟飞跑了
    C 妈妈脾气不好
    D 妈妈不喜欢小鸟

36. A 不会唱歌
    B 会十国语言
    C 可以陪人聊天
    D 花了五万美元

37. A 帮女儿卖伞
    B 在洗衣店工作
    C 担心孩子的生意
    D 一直生活得很快乐

38. A 还没结婚
    B 不喜欢晴天
    C 工作不愉快
    D 经常和丈夫吵架

39. A 平时八点半上班
    B 洗衣店生意不错
    C 和丈夫一起开了店
    D 家里有两台洗衣机

40. A 时髦
    B 乐观
    C 活泼
    D 谦虚

41. A 护照
    B 身份证
    C 驾驶证
    D 车钥匙

42. A 租自行车
    B 还自行车
    C 自行车丢了
    D 自行车坏了

43. A 走路
    B 打车
    C 坐公交车
    D 骑自行车

44. A 需要花不少钱
    B 学起来很容易
    C 有舞蹈老师教课
    D 可以锻炼身体

45. A 广场
    B 家里
    C 舞台上
    D 健身房

二、阅 读

第一部分

第 46-60 题：请选出正确答案。

46-49.

　　我来北京出差快一个月了，<u>46</u> 就要回去了。我想给家人、同事和朋友带些礼物。<u>47</u> 今天是周末，我就去逛街了。我希望我的礼物既经济又能 <u>48</u> 我的心意。逛了一天，我觉得给他们带当地的特产非常 <u>49</u> 。最后，我给父母买了稻香村的点心，给同事买了北京烤鸭，给朋友买了北京的小吃，因为我的朋友大多是女的，她们一般都喜欢零食。

46. A 马上　　　B 几乎　　　C 简直　　　D 立即
47. A 利用　　　B 据说　　　C 趁　　　　D 凭
48. A 证明　　　B 反映　　　C 显示　　　D 表达
49. A 适合　　　B 合适　　　C 符合　　　D 一致

50-52.

　　每个孩子都可能会犯错误，而孩子正是在 <u>50</u> 犯错误、改正错误的过程中成长起来的。所以说，<u>51</u> ，而在于父母怎样让孩子认识并改正错误。善于在孩子的错误中发现优点，用欣赏的态度去教育孩子改正错误比严肃的 <u>52</u> 和打骂更有作用。父母必须对孩子敢于承认错误的优点给予表扬。如果孩子已经认识到并承认了自己的错误，父母就应该 <u>53</u> 和肯定孩子敢于认错的勇气。这样可以让孩子养成良好的对待错误的习惯。

50. A 继续　　　B 保持　　　C 坚持　　　D 不断
51. A 问题不是孩子改正错误
　　B 问题不是孩子总是犯错误
　　C 问题不在于孩子有没有犯错误
　　D 问题不在于孩子有没有改正错误
52. A 批评　　　B 提醒　　　C 建议　　　D 教训
53. A 提倡　　　B 鼓励　　　C 强调　　　D 重视

- 143 -

54-57.

今年公司的旅行有四个地方可以选择。我 54 了黄山而选择去了厦门，在很多人看来这并不是好的选择。其实，我也很想去黄山。但这次没有选择黄山的 55 是：今年爬的山很多，想换换旅游方式。一早爬起来我就去机场登上了飞往厦门的飞机，一个半小时后就 56 厦门了。从机窗往外看，能看见厦门发展得很快，而且还在不断建设中。走出机场的第一感觉，就是路边的树和建筑的 57 与上海完全不同，有点像热带地区的样子，但又不完全是。

54. A 放弃　　　B 否定　　　C 离开　　　D 否认
55. A 借口　　　B 理由　　　C 条件　　　D 要求
56. A 到达　　　B 接近　　　C 达到　　　D 接到
57. A 颜色　　　B 大小　　　C 风格　　　D 时代

58-60.

友谊剧院始建于1964年，1965年8月16日完工，成为当时中国最完善、最高档的大剧院。1993年，中国第一个新年音乐会在友谊剧院举行。现在政府 58 近一个亿对其进行了重建。重建后的友谊剧院4月份将 59 试演五场，试演期间，将 60 在校大学生和社会青年观看。如果市民想观看以上免费演出，可通过电话报名预约申请，申请成功后，可于4月15日后凭个人有效证件到友谊剧院票房领取演出票，送完为止。

58. A 实施　　　B 投资　　　C 批准　　　D 准备
59. A 提前　　　B 确定　　　C 事先　　　D 免费
60. A 选拔　　　B 推荐　　　C 邀请　　　D 同意

第二部分

第61-70题：请选出与试题内容一致的一项。

61. 目前，太原市已有8个公园对公众实行了免费开放，与此同时，一些人把自己养的宠物也带入公园内，严重污染了环境。为此太原市将制定相关制度，禁止携带宠物进入公园。

    A 有人去公园时带着宠物
    B 宠物污染了人们的生活环境
    C 太原市的公园都可以免费参观
    D 太原市制定了禁止带宠物入园的规章制度

62. 北京至天津城际高速铁路的开通，让这两座城市的距离缩短到半个小时，也改变了两座城市居民的生活方式。速度快、班次多、环境舒适的城际高铁已经成为京津两地居民出行的首选。

    A 京津城际高铁将要开通
    B 京津城际高铁会缩短两地距离
    C 京津城际高铁每天往返次数很多
    D 京津城际高铁对两地居民的出行没有太大影响

63. 生活中，积极的态度，可以使你乐观，可以使你战胜困难，还可以使你正确对待生活中的成功与失败，让你过上真正快乐的生活。人类几千年的文明史告诉我们，积极的态度能帮助我们获得健康、幸福。

    A 积极的生活态度对工作影响很大
    B 积极的态度可以让生活中没有困难
    C 积极的态度可以让你的生活充满快乐
    D 有了积极的态度你一定会健康、幸福

64. 专家建议，长城景区要想更好地传播长城文化，首先旅游部门要对导游进行专业培训；同时也要想办法吸引游客走进长城博物馆，提高博物馆的利用率。其次更需要加强对长城的基础研究。

    A 游客对长城文化不感兴趣
    B 参观长城博物馆的人很多
    C 目前对长城的基础研究还不够
    D 旅游部门要为长城景区培养更多导游

65. 北京市气象台称：到今天为止北京已经持续5天30℃以上高温，北京正式进入了夏季。根据历史气象资料显示，北京地区常年平均入夏时间在5月29日。今年夏天提前一周到来，同时也结束了近10年来的最短春季。

   A 今天北京气温30℃以上
   B 北京在未来几天将进入夏季
   C 今年北京的夏天比以往更热
   D 今年北京的春季是历史上最短的

66. 2008年，北京奥组委最终选择了亲民低价路线，北京奥运会门票平均价格是近年来奥运会平均价格最低的，特别是学生票基本是象征性的，这样的做法受到了人们的欢迎。也正是因为这些，北京不但成功举办了奥运会，还营造了全民参与奥运会的良好社会氛围。

   A 北京奥运会时学生票是免费的
   B 全民都参加了北京奥运会比赛
   C 北京奥运会是一届成功的奥运会
   D 北京奥运会门票价格是历史上最低的

67. "国家电网杯"城市夜景摄影大赛的参赛作品必须是关于城市夜景的摄影作品。通过城市夜景作品，希望能真实表现现代城市面貌，生动展现"电力"已像空气一样成为人类城市生活最基本的生存条件，展现现代城市的美好生活。

   A 这次摄影大赛在夜间举行
   B 这次参赛作品必须是城市夜景
   C 这次大赛表现了现代电力产业的面貌
   D 这次大赛展现了现代乡村的美好生活

68. 有一天，妻子没在家吃晚饭，七岁的女儿坐在妻子的座位上，模仿妻子的样子。我看着她忍不住笑了起来。六岁的儿子看到后有些生气，他不客气地对姐姐说："你以为今天你是妈妈吗？你知道99乘5是多少吗？"女儿听了后不慌不忙地回答："孩子，我没空儿回答你的问题，问你父亲吧。"

   A 女儿长得非常像妈妈
   B 女儿的回答方式很像妈妈
   C 女儿没空儿回答弟弟的问题
   D 女儿每次吃饭喜欢坐妈妈的座位

69. 五年前我去过西双版纳，很多细节现在虽然记不清楚了，但西双版纳给我留下的印象很好。现在，我记忆最深刻的就是西双版纳的水果很好吃，特别是菠萝，比深圳的甜多了。此外，那里的空气很新鲜，景色很好。有机会我想再去一次。

    A 我对西双版纳印象深刻
    B 西双版纳的水果非常甜
    C 我去过西双版纳两次了
    D 西双版纳比深圳交通便利

70. 一位很有名的作家要来书店参观。书店老板非常高兴，连忙把所有的书拿下，全部换上这位作家的书。作家来到书店后，心里也非常高兴，问："你的书店只卖我的书吗？""当然不是。"书店老板回答，"别的书卖得很好，都卖完了。"

    A 书店的生意不太好
    B 作家的书卖得非常好
    C 很多人经常来这个书店参观
    D 都摆作家的书是老板的意思

第三部分

第71-90题：请选出正确答案。

71-74.

人生到底有多少天？不同的人有不同的答案，但我看人的一生无一例外地只有三天：昨天、今天、明天。经营好这三天，就经营好了一生。

昨天的日子很长，说不清有多少天，但不管有多少天，也不管是失败还是成功，都只能代表过去，不能代表将来。比如昨天贫困的人将来可能会变成富翁；昨天的有钱人将来可能变为穷人；昨天打工的人将来可能会变成老板。世上没有永远的胜利，也没有永远的失败，因此，我们不必为昨天的失败而痛苦，也不必为昨天的成功而骄傲。

今天的日子很短，而且正在自己的脚下以秒计算地缩短。今天是昨天和明天的交接处。面对今天，我们不要总是怀念过去，过去的就让它过去了，只有从零开始，全身心地经营好今天，才会取得最后的成功。今天的事一定要今天完成，绝不能推到明天。如果总是面对今天望明天，结果不但今天没有经营好，明天也悄悄地溜走了。

明天的日子还有多长？谁也不知道。明天是成功还是失败？谁也说不清楚。明天既向我们显示机遇，又向我们发出挑战。明天的希望是美好的，但通往明天的路不一定好走。可是不管怎么说，明天只接受一直坚持、一直拼搏的人。

71. 作者关于人生的看法，正确的是：
    A 人生有很多天　　　　　B 和别人的看法一致
    C 每个人的人生都不一样　D 人生由昨天、今天、明天组成

72. 关于昨天，下面哪项不正确？
    A 昨天的日子很多　　　　B 昨天的成功不重要
    C 昨天的失败不重要　　　D 过去的事情我们应该经常回忆

73. 关于今天，下面哪项不正确？
    A 今天永远存在　　　　　B 连接了昨天和明天
    C 一切事情要从头开始　　D 一定要做完当天所有的事

74. 关于明天，下面哪项正确？
    A 很长　　　　　　　　　B 很短
    C 一定很美好　　　　　　D 有机遇也有挑战

75–78.

你为什么要登山？关于这个问题我想每个人的答案各不相同。一位著名登山家回答："因为山在那里。"这话像是没回答，可是又有很深的道理。

有一次跟朋友们一起爬七娘山，一位女孩问大家为什么要登山，大家的回答<u>五花八门</u>："锻炼身体，呼吸新鲜空气。""挑战自我。""可以在山上拍出好照片。""寻找刺激。""好玩，能找一起玩的朋友。"问到我时，我一时不知怎样回答。大家的感受都是相近的，却又各有不同。

这个问题让我想起了去年夏天。就在第一次登上这座山时，因为有事我告别伙伴们自己先下山了。半路上我走错了路，山路越走越窄，最后无路可走。等我再上山返回时，却找不到原来的路了。天色越来越暗，我一个人在树林中乱走，心里特别害怕。还是后下山的伙伴们发现我失踪了，一路找来。当我听到熟悉的呼喊声，感觉自己好像回到了家听到了妈妈的声音一样。

登山如同社会生存，迷路如同一场大病。我觉得每座山都是有生命的。一座山与一座山不同，登山的人和登山的人不同，一个人的此时和彼时登山的感觉不同。但是有些东西却是相同的，那就是人们在登山时所收获的对彼此的关心和帮助。

75. 对于登山家的回答，"我"的态度是什么？
   A 批评   B 肯定   C 反对   D 轻视

76. 第二段中画线词语"五花八门"可能是什么意思？
   A 很有意思   B 各种各样
   C 像大门一样宽阔   D 像五色花一样美丽

77. 去年爬山时，"我"发生了什么事情？
   A 没有登上山   B 提前回家了
   C 赌气没有去   D 下山时迷路了

78. 根据"我"的观点，下面哪项正确？
   A 爬山可以加深友谊   B 山与山之间没有区别
   C 爬山的时候人越多越好   D 大家登山的理由大致相同

79-83.

一位年轻人即将大学毕业。他一直渴望拥有一辆跑车。于是，他跟父亲说了自己的想法。

随着毕业典礼的临近，年轻人期待着父亲给他一个惊喜。终于，在毕业典礼那个早晨，父亲把他叫到自己的书房，告诉他，自己是多么爱他，为有一个这么出色的儿子而感到自豪。接着，父亲递给儿子一个包装精美的礼品盒。年轻人既好奇又略显失望地打开礼品盒，发现里面是一本精美的皮革封面的书，上面用金色的字刻着他的名字。年轻人看后冲父亲大声喊："你明明知道我的愿望，却给我一本书？"他丢下书，咆哮着冲出了屋子。

很多年以后，年轻人已事业有成。静下心来时，他开始后悔自己当年的举动。他想回去看看父亲，因为从毕业那天起他就一直没有见过父亲。正准备起程时，他却收到一封电报——父亲去世了，把所有财产留给了他。

进入父亲的房间，他感到深深的悔恨和悲伤。他慢慢整理父亲的文件，发现了那本书——父亲送给他的礼物。他含泪打开书，一页一页地翻着。忽然，从书的背面掉出一把车钥匙，挂着的标签上写着一个汽车经销商的名字，正是出售他曾梦寐以求的跑车的那家，上面还标明了他的毕业日期及"款已付清"的字样。

79. 年轻人非常想要：
   A 一本书　　　　　　B 一辆跑车
   C 精美的礼物　　　　D 父亲对他的爱

80. 看了父亲送的一本书后，年轻人：
   A 很自豪　　　　　　B 非常高兴
   C 特别生气　　　　　D 更爱父亲了

81. 关于父亲，下列说法正确的是：
   A 很小气　　　　　　B 很爱他的儿子
   C 不知道儿子想要什么　D 后悔没给儿子买礼物

82. 父亲送的那本书：
   A 内容很吸引人　　　B 里面有跑车的钥匙
   C 教会年轻人很多道理　D 年轻人看了很多遍

83–86.

有个叫巴捷的年轻画家，因为自己的画卖不出去而非常痛苦。他找到皮亚，说愿意将自己的一些画卖给皮亚。皮亚将巴捷的画仔细看了一番后，说："您的画都是完整的呀，可我专收残缺品。"巴捷在画作上涂了几个墨点，说："这不就是残缺品了吗？"皮亚再次仔细地看了看巴捷的画，点了点头说："不错。只是，我还想问，您一幅完整的画可以卖多少钱呢？"巴捷叹了口气说："卖一美元也没人要。"皮亚立即把巴捷赶出了门："对不起，您的画不值钱，您还是到别处去吧。"

巴捷终于明白了，那些残缺的作品，其实都是艺术家无意中丢失的。一个真正的艺术家，怎么肯将自己的残缺之作拿出来给人呢？正因为这样，所以残缺之作的价值才高过了完整的作品。

20年后，巴捷成了著名画家，皮亚找上门来，想买巴捷的残缺画作，巴捷立即从垃圾桶里捡起一幅画递给他说："请您出个价吧。"皮亚从10美元开到了10万美元，巴捷依然只是微笑却不点头，而那时，巴捷一幅完整的作品最高才卖到10万美元。最后，巴捷将那幅画从皮亚手里拿过来撕了个粉碎："我这里从来就没有残缺的作品！"

由于对艺术近乎完美的追求，巴捷终于成为著名的画家。他的一幅画作后来被炒到100万美元，巴捷一生都没有出售过一幅残缺的画作。他说："如果当初我将那幅残缺的作品卖给了皮亚，获得了10万美元，那么我的作品也永远只值那个价了。"

人生就是一幅画，有的人还没完成，便匆匆出售而获得了不少利益，可也留下了遗憾。可有的人追求完美，却最终画出了完整而且无遗憾的作品。

83. 皮亚专门买什么样的画？

  A 完美的画   **B** 著名的画

  C 残缺的画   **D** 值钱的画

84. 皮亚为什么把巴捷赶出了门？

  A 巴捷人不好

  B 巴捷画的画儿不好

  C 巴捷弄脏了皮亚的画

  D 巴捷的画卖不了好价钱

85. 巴捷认为真正的艺术家不会做什么事情？
    A 画出残缺作品
    B 卖自己的残缺作品
    C 卖自己的完整作品
    D 无意丢掉残缺作品

86. 根据文章内容，下列哪项不正确？
    A 巴捷最后成了著名画家
    B 巴捷所有的画都很完美
    C 巴捷一生没有卖过残缺的画
    D 皮亚愿意花 10 万美元买巴捷的画

87–90.

有一个父亲，他有四个儿子。他希望他的儿子能够学会不要太快对事情下结论。所以，他向四个孩子提了一个要求，要他们分别去远方看一棵树。

大儿子是在冬天去的，二儿子在春天，三儿子在夏天，小儿子则是在秋天去的。当儿子们都回家之后，父亲把他们叫到一起，让他们说一说自己所看到的情景。

大儿子说，那棵树很丑，干枯得没有一点儿水分，好像死了一样。

二儿子说，不是的，那棵树上长满了青青的嫩嫩的叶子，充满了希望。

三儿子既不同意大哥的说法也不同意二哥的说法。他说树上开满了鲜花、充满了香气，看起来十分美丽，那美景是他从来没有见过的。

小儿子对三个哥哥的说法都不同意。他说树上结满了果子，果子把树枝都压弯了，充满了收获的喜悦。

小儿子说完后，四个儿子都坚持说自己是正确的。听了儿子们的话，父亲对他们说：你们都不正确，因为你们每个人都只看到这棵树一个季节的风景。接下来他告诉儿子们：不可以用一个季节的风景来判断一棵树。同样的道理，你不可以根据一个方面或者一个时期来判断一个人到底是怎样的，一个人生命的价值、喜乐、爱，只有在经历过所有的季节之后才能判断。如果你在冬天的时候就放弃，你就会错过你生命中春天的盼望、夏天的美丽、秋天的收成。不要让一个季节的痛苦破坏了其他季节的喜乐，也不要因为一个痛苦的季节就对人生下结论。坚守忍耐地度过这段艰难，美好的日子将在不久之后来到。

87. 根据文章，下面说法正确的是：
    A 那棵树在很远的地方
    B 四个儿子一起去看树
    C 四个儿子同时回到家
    D 四个儿子看了不同的树

88. 关于那棵树，不正确的是哪一项？
    A 已经枯死了
    B 春天长满了绿叶
    C 夏天开满了鲜花
    D 秋天结满了果子

89. 关于儿子们的回答，可以知道：
    A 儿子们都觉得时间太短
    B 儿子们都不喜欢那棵树
    C 父亲说四个人的说法都不正确
    D 三儿子觉得大哥不对二哥对

90. 从文章中我们可以知道什么？
    A 树在春天是最美丽的
    B 对事情太快下结论不好
    C 做决断的时候不能犹豫
    D 每个儿子都看到了树的四季风景

三、书写

第一部分

第91-98题：完成句子。

例如：发表　　这篇论文　　什么时候　　是　　的

　　　<u>这篇论文是什么时候发表的？</u>

91. 价格　　涨了　　蔬菜　　不少　　听说

92. 我们　　必须　　过马路　　注意　　时　　安全

93. 问题　　这个　　他们　　研究　　要　　研究

94. 什么　　困难　　也　　阻止　　他　　不了

95. 试卷　　交　　以前　　一定　　再　　检查　　一遍　　要

96. 是　　他　　坐　　来　　的　　飞机

97. 越来越　　太极拳　　流行　　现在　　了

98. 这件　　早就　　处理　　给　　好了　　事情

第二部分

第 99-100 题：写短文。

99. 请结合下列词语（要全部使用），写一篇 80 字左右的短文。

　　市场、企业、成功、态度、友谊

100. 请结合这张图片写一篇 80 字左右的短文。

听力材料

（音乐，30秒，渐弱）

大家好！欢迎参加HSK（五级）考试。
大家好！欢迎参加HSK（五级）考试。
大家好！欢迎参加HSK（五级）考试。

HSK（五级）听力考试分两部分，共45题。
请大家注意，听力考试现在开始。

第一部分

第1到20题，请选出正确答案。现在开始第1题：

1. 女：明天是周末，我想去逛街买些衣服。
   男：我们很久都没有一起去逛街了，明天去吧！
   问：男的什么意思？

2. 男：小姐，结账！
   女：先生，您好！您这次一共消费了80元。
   问：女的可能是做什么工作的？

3. 女：您好！我要去国家图书馆，请问应该从哪个出口出呢？
   男：从这里往前到A口出，出了地铁就是国家图书馆了。
   问：这个对话发生在什么地方？

4. 女：小明，你能帮我开一下门吗？我买了很多东西，开门不方便。
   男：稍等，我马上就来。
   问：根据对话，可以知道什么？

5. 男：这首歌真棒，给你听听。
   女：嗯，旋律很优美，歌词也非常好，这是谁唱的歌？
   问：关于这首歌，女的想知道什么？

6. 女："五一"假期你过得怎么样？
   男：挺好的，我去上海玩了，虽然时间有些紧，但是我还是去了很多地方。
   问：关于男的，正确的是什么？

7. 男：你怎么不用洗衣机呀？用手洗多累呀？
    女：衣服少，用手洗很快就洗完。
    问：根据对话，可以知道什么？

8. 女：儿子，今天你们的作业多不多？
    男：不多，我已经在学校都做完了。妈妈，我现在可以看动画片吗？
    问：关于儿子，下面哪一项正确？

9. 男：很长时间没看到你来这里跳舞了，你在忙什么呢？
    女：我最近忙着搬家，很长时间没来学了，今天一跳发现忘了很多。
    问：关于女的，正确的是什么？

10. 女：我们要快点儿去了，你妈妈还有一个小时就要下飞机了。
    男：好的，我马上就来。
    问：根据对话，正确的是什么？

11. 男：你自己住在这里不孤单吗？
    女：刚来的时候有点儿，现在认识了很多朋友，一点儿都不孤单。
    问：根据对话，下面哪项正确？

12. 女：请问，这附近有加油站吗？
    男：你一直往前走，到了十字路口左拐，就有一个。
    问：女的可能要做什么？

13. 男：妈妈，这个故事太老了，您能讲一个新的吗？
    女：你现在先睡觉，明天晚上妈妈保证给你讲个新的。
    问：根据对话，下面哪一项正确？

14. 女：听说刚才警察抓了一个小偷。
    男：是小张抓的，咱们小区有了他安全就有了保证。
    问：根据对话，下面哪项正确？

15. 男：你回家以后要好好休息，按时吃药，要吃一些清淡的食物。
    女：好的，谢谢您，大夫！
    问：男的可能是什么人？

16. 女：这张足球票送给你吧，我明天有事去不了了。
    男：太好了，真是谢谢你了，原来你也知道我是球迷啊！

问：根据对话，下面哪一项正确？

17. 男：今天我在街上碰到儿子的数学老师了。
    女：是吗？那你没问问咱们儿子最近学习怎么样？
    问：男的和女的可能是什么关系？

18. 女：老李，真是太巧了，你怎么也在这里？
    男：我来办点儿贷款，你呢？是来取钱吗？
    问：这个对话可能发生在什么地方？

19. 男：你的毕业论文写得怎么样了？
    女：差不多快要写完了，我希望写完以后可以专心找工作。
    问：关于女的，下面哪一项正确？

20. 女：你打算邀请多少客人参加你们的婚礼？
    男：这两天忙结婚照的事，还没考虑这个问题呢。
    问：关于婚礼，下面哪一项正确？

第二部分

第21到45题，请选出正确答案。现在开始第21题：

21. 女：这次网球比赛，你的成绩怎么样？
    男：我已经赢了第一场比赛了，明天还有两场比赛。
    女：希望明天你能打出更好的成绩，我去给你加油。
    男：真的？我一定好好努力。
    问：根据对话，下列哪项正确？

22. 男：你看看我这次照片拍得怎么样？
    女：风景很美，也很清晰，效果很好。
    男：谢谢夸奖！我最近刚刚开始学习摄影，还要继续努力。
    女：原来你迷上摄影了，有时间也给我拍几张吧！
    问：男的最近在做什么？

23. 女：这山太高了，我真的爬不动了，我们歇会儿吧！
    男：前面有一棵大树，我们去那边休息吧！那里凉快些。
    女：好的！你的身体真好，爬了这么长时间都不累。
    男：这可能和我每天都跑步、游泳有关系。你以后也应该每天锻炼身体。
    问：他们在做什么？

24. 男：妈，你看这是我在报纸上发表的文章。
    女：是吗？我看看，写得真好，你都当记者了。
    男：妈，这只是我的第一篇文章，离当记者还远着呢！
    女：你要继续努力！
    问：关于儿子，下面哪项正确？

25. 女：今天我六点就起床了。
    男：是吗？这么早，你还在坚持早上跑步吗？
    女：不是，今天妈妈让我早起帮她去买菜，因为中午家里有客人来。
    男：现在离上班时间还有十分钟，你可以稍微休息一会儿。
    问：根据对话，下面哪一项正确？

26. 男：你歇会儿吧，总对着电脑眼睛不难受啊？
    女：确实，现在我的眼睛有点儿疼了。
    男：我们去散散步吧。
    女：好啊，我们还可以顺便去市场买些菜。
    男：行，今天是周末，我们要做些好吃的。
    问：根据对话，可以知道什么？

27. 女：这是我今天买的西瓜，你尝尝！
    男：谢谢！真甜，多少钱一斤？
    女：超市的贵一些，三块钱一斤。我在市场上买的，两块五一斤。
    男：真实惠，我下次也要去市场上买。
    问：根据对话，我们可以知道什么？

28. 男：你昨天晚上看天气预报了吗？今天的天气怎么样？
    女：阴天，下午可能有雨。你还是带一把伞吧！
    男：我上次把伞忘在办公室了，家里现在只有一把，我带走了你怎么办？
    女：没事，真下雨了，你下班时去接我就行了。
    问：根据对话，我们可以知道什么？

29. 女：早饭你一般吃什么？
    男：我一般吃面条或者包子。你呢？
    女：我一般不吃早饭，只是喝点儿牛奶。
    男：喝牛奶是不错，但是早饭还是应该吃，不然对身体不好。
    问：根据对话，我们可以知道什么？

30. 男：你在厨房忙什么呢，快过来吃吧，菜都凉了。
    女：我刚才不小心打破了一个玻璃杯子，正在收拾呢。
    男：没伤着你吧？
    女：没有，我没事，你放心吧。
    问：根据对话，正确的一项是什么？

第 31 到 32 题是根据下面一段对话：
    男：小姐，请问那条咖啡色的裤子多少钱？
    女：先生，这种裤子只剩下这最后一条了，打五折，120 元。
    男：请问是多大号的？您看我穿大小合适吗？
    女：先生，请问您的身高是多少？
    男：我一米七。
    女：这条您穿应该合适，您可以先试一试。

31. 根据对话，可以知道什么？
32. 关于裤子，下面哪项不正确？

第 33 到 34 题是根据下面一段对话：
    女：您好！先生，我们已经到北京饭店了，您可以下车了。
    男：哦，是吗？不好意思，我刚才睡着了。
    女：没关系，长时间坐飞机就是容易累，到了饭店您可以好好休息一下了。
    男：对。我一共有三件行李，这里怎么只有两件？
    女：还有一件大的，您忘了，在后备箱呢。

33. 对话可能发生在什么地方？
34. 根据对话，下面哪项正确？

第 35 到 36 题是根据下面一段话：
    一位有名的导演决定送给他母亲一件生日礼物。他听说有一只小鸟能用十二种语言讲话，还可以唱十首著名的歌曲，就立即决定买下这只鸟送给母亲，为此他花了五万美元。在他母亲生日的第二天，他给母亲打电话，问道："您觉得这只鸟怎么样，妈妈？"他母亲愉快地回答道："这只鸟太可爱了，有了它我就不会孤单了，你想得真周到。"

35. 根据文章，下面哪项正确？
36. 关于小鸟，可以知道什么？

第 37 到 40 题是根据下面一段话：

一位老太太有两个女儿。大女儿嫁给了一个卖伞的生意人，二女儿结婚后和丈夫开了一家洗衣店。这让老太太每天都很发愁。天晴了，她担心大女儿的伞卖不出去；天阴了，她又担心二女儿洗衣店里的衣服干不了。所以，她是晴天发愁阴天也发愁，不长时间她的头发就变白了。有一天，她的一位亲戚来看她，看到她突然变得这么老了，很吃惊。亲戚知道了她变老的原因后，觉得很好笑，就对她说："阴天你大女儿的伞卖得很快，你应该高兴；晴天你二女儿洗衣店的生意很好，你也应该高兴。这样你每天都有快乐的事，天天都是好日子，你为什么不高兴而是发愁呢？"听了亲戚的话，老太太突然想明白了：她应该换个角度想问题。从此，她每天都笑口常开，快乐幸福地过着每一天。

37. 关于老太太，正确的是什么？
38. 关于大女儿，可以知道什么？
39. 关于小女儿，可以知道什么？
40. 亲戚在生活中可能是什么样的人？

第 41 到 43 题是根据下面一段话：

最近，北京有了第一批免费出租的公共自行车。北京市民可以凭身份证、护照、驾驶证等身份证明登记借用自行车，用完之后可以把车还给任何一个自行车出租店。如果租的自行车坏了，可以送到出租店，会有专门的维修人员进行修理，而这些都不需要市民花一分钱。除非自行车遭到故意损坏或丢失。

北京市政府这样做主要是想为市民提供更方便的服务。有一位阿姨对"免费租车骑"很感兴趣。她说：她想去超市、市场买菜，走着去有些远，坐公交车不太方便，"打的"不值得，如果有免费的自行车租，是最方便最好的。还有不少人表示，即使家中有自行车，也会考虑租借免费自行车，"毕竟，这个方便多了。"

41. 根据这段话，不能用来租自行车的是什么？
42. 根据这段话，下面哪种情况市民需要花钱？
43. 去超市买菜时，阿姨觉得怎么去最方便？

第 44 到 45 题是根据下面一段话：

对老人来说，交谊舞与其说是一种舞蹈，不如说是一种运动，一种比较容易学习，又很有意思的运动。在中国，老人很喜欢跳交谊舞。随着年纪的增长，老人的身体出现了各种各样的毛病。跳交谊舞是一种很好的锻炼方式。听着音乐慢慢移动身体，心情会很愉快，即使累了也不觉得。

对老人来说，跳交谊舞最好的地方是公园和广场。每天早晨在公园里、广场上除了锻炼身体的老人，最多的就是跳交谊舞的老人了。如果你不会跳交谊舞，不用担心，在公园里还有老师免费教你跳。像这样既实惠又可以长时间坚持下去的运动可真是不多。

44. 关于交谊舞，下列哪项不正确？
45. 老人一般在哪儿跳交谊舞？

听力考试现在结束。

答案及解析

一、听力

题号	答案	解析
1	A	"陪你一起去吧"表示和某人一起去。
2	B	职业题。重点信息："结账"、"消费"
3	B	地点题。"从这儿往前到……"是问路时对方回答的常用句型。重点信息："地铁"、"出口"
4	D	"你能帮我开一下门吗"中"你能……吗"表示请求他人做什么。
5	B	"这首歌真棒"中"真棒"表示非常好、很优秀的意思。
6	A	"时间有些紧"表示时间不够,来不及。例如:明天就出发时间太紧了,我还没准备好东西呢。
7	D	重点信息："洗衣机"、"手洗"
8	B	重点信息："做完了"、"不多"
9	A	"忙着搬家"中"忙着+动词"意思是因为做什么很忙。例如:马上要结婚了,我最近忙着买新房的家具。(最近因为结婚买家具,所以很忙。)
10	A	"就要下飞机了"中"就要……了"表示事情在将来的时间马上要发生。例如:她就要毕业了。(她很快毕业,她马上毕业。) 重点信息："下飞机"
11	B	"一点儿也不孤单"中"一点儿也不"表示强调。
12	C	"一直往前走,到了十字路口左拐,就有一个"是关于介绍路线时常会出现的句子,需要注意一下。
13	A	"妈妈保证给你讲个新的"中"保证+动词"是发誓一定做,有让对方相信自己的意思。例如:我保证以后不说谎了。
14	C	"有了他安全就有了保证"中"保证"是名词的用法,意思是保障,安全的感觉。
15	A	职业题。重点信息："好好休息"、"吃药"、"大夫",这些都是与医院有关的对话场景。
16	B	"去不了"意思是不能去了,"动词+不了"表示不能做,不可能。

17	A	人物关系题。"咱们"口语中表示"我们"（包括听话人）。
18	C	地点题。重点信息："办贷款"、"取钱"
19	C	"差不多要写完了"表示还没有完全写完。
20	A	重点信息："邀请"、"你们的婚礼"、"结婚照"
21	C	关于体育比赛类的对话，以下几点需要特别注意：属于哪类体育比赛，输和赢的情况，比分多少等。 重点信息："网球"、"赢"、"成绩"
22	B	"迷上摄影了"中"迷上"表示原来不了解，但是现在变得非常喜欢。例如：自从参加了书法班，他完全迷上了这门艺术。（他非常喜欢这门艺术。）
23	A	重点信息："爬不动"、"跑步"、"游泳"、"锻炼"
24	B	"离当记者还远着呢"中"离……还远着呢"表示现在的水平和要实现的目标很远。也指距离很远，时间还早。例如：现在才5月份，离10月1号国庆节还远着呢。
25	C	"离上班还有十分钟"中"离+某事+时间"表示从现在开始到将来做那件事需要的时间。例如：离开学还有一周。（从现在到开学还需一周的时间。）
26	A	"总对着电脑眼睛不难受啊"是反问句，用来强调。 重点信息："歇"、"散散步"、"做好吃的"
27	B	关于购物的对话，要对以下信息特别注意：价格、重量、尺寸，说话人觉得贵还是便宜，买的人或者卖的人希望的价格。 "真实惠"表示质量很好，而且价格也不贵，意思相同的有"划算"，"值得"等。
28	C	重点信息："天气预报"、"伞"、"忘在办公室"、"阴天"、"有雨"
29	C	"早饭还是应该吃，不然对身体不好"中"不然"表示"如果不"。例如：你还是戒烟吧，不然咳嗽会越来越厉害的。 "不然"还表示引出另外一种情况，另外一种选择。例如：他这个时候可能在操场，不然就是在教室学习呢。
30	C	"伤着你"意思为让你受到伤害。 重点信息："不小心"、"打破"、"收拾"、"没事"
31	A	第31-32题： 同第27题，都是属于购物的题。所以同样要注意关于价格、重量、尺寸、讨价还价的句子。 重点信息："打五折"、"多大号"、"大小合适"、"试一试"
32	C	

33	D	第33–34题： 本文对话没有特别难理解的语言点和俗语，只需要根据上下文，把握好关键信息即可。 重点信息："可以下车了"、"坐飞机"、"累"、"行李"
34	A	
35	A	第35–36题： 属于故事性很强的小短文，需要注意的就是故事发展时的前因后果、人物关系。 重点信息："礼物"、"语言"、"愉快"、"可爱"、"孤单"、"周到"
36	D	
37	C	第37–40题： 本段文章同第35—36题，也属于故事性强的小短文。只需要注意关键词，听清楚，理解意思即可。 重点信息："买卖伞"、"发愁"、"洗衣"、"好笑"、"快乐幸福"
38	B	
39	C	
40	B	
41	D	第41–43题： "除非自行车遭到故意损坏或丢失"中"除非"表示除了这种情况以外。例如：所有员工平时不能随便请假，除非生病。（除了生病这种情况外，其它的情况都不能请假。） "打的不值得"中"不值得"表示花费了钱或者时间，但是得到的东西却不好。例如：500元买一件过时的裙子真不值得。 重点信息："免费"、"公共"、"出租"、"损坏"、"值得"
42	C	
43	D	
44	A	第44–45题： "交谊舞与其说是一种舞蹈，不如说是一种运动"中"与其说A，不如说B"表示更赞成B这种说法。例如：与其说他们是对手，不如说他们是朋友。 "对老人来说"中"对……来说"表示对象。例如：对欧美人来说，汉字很难。对日本人来说，汉语发音很难。 重点信息："舞蹈"、"交谊舞"、"运动"、"免费"、"实惠"、"坚持"
45	A	

二、阅读

题号	答案	解析
46	A	考查副词。空格前叙述事情已经进展的情况，空格后应接着叙述即将发生的情况，所以应选择伸缩性较大的时间副词A。
47	C	空格后面是表示时间的句子"今天是周末"，所以选C；A项"利用"和D项"凭"后面一般加名词，不能跟句子；B项"据说"是听说的意思，"今天是周末"是一个确定的事实。
48	D	考查动词搭配。根据句意，在此能和"心意"搭配的只能是D；A项"证明"一般和"事实/真相"搭配；B项"反映"一般和"情况/事实"搭配；C项"显示"一般和"能力/实力"等搭配。
49	B	空格前面是副词"非常"，根据句意应选B；A项"适合"和C项"符合"都是动词，前面不能加"非常"；D项"一致"一般用作"A和B一致"。
50	D	句意是说孩子经常犯错误，这一个错误改正了还会犯另一个错误，所以应该选择D；A项"继续"表示的是同一个动作，中断后接着进行；B项"保持"的是一种状态；C项"坚持"的是同一个动作。
51	C	"不在于……而在于……"的搭配，且空格所在的句意应与下一句句意相对，所以选C；A项和B项的"不是"一般用作"不是……而是……"搭配；D项说的是"改正错误"，下句说的还是改正错误，重复，所以是错误的。
52	A	考查名词。此处和"打骂"能够在语义上搭配的动词只有A选项。
53	B	考查动词及其搭配。从句意上看，对孩子"敢于认错的勇气"，父母只能鼓励和肯定，所以这里应该选B；A项"提倡"，C项"强调"和D项"重视"都不与"勇气"搭配。
54	A	考查动词的用法。A项"放弃"是及物动词，后面要跟名词性结构，如放弃机会/比赛等，用在这里很合适；B项"否定"与"肯定"相对，表示否认，不承认，在意思上不合适；C项"离开"作动词，后面一般跟名词性结构，表示跟人、物或地方分开，意思不合适；D项"否认"与B项在语义上差不多，用在这里也不合适。

55	B	空格中要找一个与"原因"一词意思接近的词。A项"借口"是一个贬义词，它的意思是假托的理由，与作者的本意不符合；B项"理由"是中性词，指事情为什么这样或那样做的道理，冒号后解释没有选择黄山的原因，所以选择B项；C项"条件"是指为某事而提出的要求或定出的标准，用在这里不合适；D项"要求"作为名词的意思是提出的具体的愿望和条件，意思不合适。
56	A	从空格前面的句子登上飞机，到空格所在句子一个半小时以后，以及空格后的句子描写走出机场对厦门的感觉，可知A项"到达"意思最为合适；B项"接近"是及物动词，常用搭配为：接近先进水平/完成，涉及的是二者之间抽象的距离；C项"达到"后面一般搭配抽象名词，如：目的、理想、水平等，或者是具体的数量；D项"接到"常用搭配为：接到来信/电话/通知等外来事物。
57	C	作者走出机场对厦门的建筑与上海的建筑从整体上做了一个对比，能体现这种整体感的词语，从意思上看只有选项C符合，其他选项只能体现建筑的部分感觉。
58	B	考查动词及搭配。与"近一个亿"搭配的只能是B。
59	D	文章后面提到的是"免费演出"，因此根据句意，这里应该选D。
60	C	考查动词。顺承上句句意及下句"市民申请预约"，可知应选C。
61	A	"一些人把自己养的宠物也带入公园内"与A项同义；文中说的是带入公园的宠物污染了环境，所以B项错误；从第一句话可以知道C项错误；从最后一句话可以知道，太原市将要制定制度，所以D项错误。
62	C	根据第二句话可知选C；从第一句话可以知道，京津城际高铁已经开通，改变了两座城市居民的生活方式，所以A项和D项错误；两地的距离不会改变，所以B项错误。
63	C	根据第一句话中"生活中，积极的态度，……让你过上真正快乐的生活"可知选项C正确；A项文中没有提及；从第一句可以知道积极的生活态度可以帮助人们战胜困难，不能消除困难，所以B项错误；从最后一句话可以知道，积极的生活态度可以帮助我们获得健康和幸福，但不是有了积极的生活态度就一定会健康和幸福，所以D项错误。
64	C	根据最后一句可知选C。
65	A	根据"到今天为止北京已经持续五天30℃以上高温"，A项正确；从第一句话可以知道，北京在今天已经进入夏季，所以B项错误；C项文中没有提及；从最后一句话可以知道，今年是10年来最短的春季，所以D项错误。

- 167 -

66	C	这是一道考查细节和整体理解能力的题。原文中说"北京奥运会门票平均价格是近年来奥运会平均价格最低的,特别是学生票基本是象征性的",在此,学生要理解关键词"象征性"在这里的意思是,学生票收费,但是价格很低。因此 A 项不对。原文中说"营造了全民参与奥运会的良好社会氛围",意思是全民参与奥运会,但不是参加奥运会比赛,因此 B 项不正确。C 项正确,文中说因为北京奥运会门票走的是亲民低价路线,所以让全民都参与到了奥运会中来,北京"成功举办了奥运会"。D 项根据原文"北京奥运会门票平均价格是近年来奥运会平均价格最低的"来看不对。
67	B	根据第一句话可知应该选 B;从第一句话可以知道,这次比赛的作品是关于城市夜景的,不是说比赛在夜间进行的,所以 A 项错误;从第二句话可以知道,大赛表现的是现代城市面貌和美好生活,所以 C 项和 D 项错误。
68	B	A 项错误,因为文中只是说女儿模仿妻子的样子,并没有提到女儿长得像妈妈。B 项正确,女儿在回答儿子的话时说:"孩子,我没空儿回答你的问题,问你父亲吧。"从这里可以看出女儿是在用妈妈的口气说话。C 项不正确,因为女儿回答了弟弟的问题。D 项与文意不符,文中只是提到了这一次,而没有说每次吃饭都这样。
69	A	这段话叙述了自己对西双版纳的印象,根据句意,选 A;文中第二句说西双版纳的水果好吃,菠萝甜,并没有说那儿所有的水果都好吃,所以 B 项错误;从文中可以知道,作者五年前去过一次西双版纳,还想再去一次,所以 C 项错误;D 项文中没有提及。
70	D	这是一个幽默小故事,根据前面两句可知应该选 D;其他三项文中没有提及。
71	D	细节题。由"但我看人的一生无一例外地只有三天:昨天、今天、明天"知道答案选 D;从第一句可以知道,其他三项都不正确。
72	D	细节题。根据"我们不要总是怀念过去,过去的就让它过去了"知道不要经常回忆昨天,所以答案选 D。
73	A	细节题。根据"今天的日子很短,而且正在自己的脚下以秒计算地缩短"知道今天不会永远存在,所以答案选 A;从"今天是昨天和明天的交接处"可以知道 B 项说法正确;从"只有从零开始"可以知道 C 项说法正确;从"今天的事一定要今天完成"可以知道 D 项说法正确。
74	D	细节题。根据"明天既向我们显示机遇,又向我们发出挑战"可以知道选 D。
75	B	态度题,问作者对某件事的态度。从"这话像是没回答,可是又有很深的道理"可以知道作者是很肯定登山家的看法的,所以答案选 B。
76	B	猜词义题。根据下文不同的人有不同的回答可以看出"五花八门"就是"各种各样"的意思,所以答案选 B。

77	D	细节题。根据"等我再上山返回时，却找不到原来的路了"可以知道作者迷路了，所以答案选 D。
78	A	主旨题。根据"但是有些东西却是相同的，那就是人们在登山时所收获的对彼此的关心和帮助"知道答案选 A。
79	B	细节题。题目中的关键词是"非常想要"，第一段中"渴望"和"非常想要"是同义词，因此可以将答案定位在第一段第二句，根据"他一直渴望拥有一辆跑车"可以知道答案选 B。
80	C	细节题。根据题目可以将答案定位到第二段的最后一句"年轻人看后冲父亲大声喊：ّ你明明知道我的愿望，却给我一本书？ّ他丢下书，咆哮着冲出了屋子"知道年轻人非常生气，所以答案选 C。
81	B	细节题。根据"父亲把他叫到自己的书房，告诉他，自己是多么爱他，为有一个这么出色的儿子而感到自豪"以及父亲把财产都给了儿子可以看出父亲是很爱自己的儿子的，所以答案选 B。
82	B	细节题。关于父亲送的那本书，从"忽然，从书的背面掉出一把车钥匙，挂着的标签上写着一个汽车经销商的名字，正是出售他曾梦寐以求的跑车的那家，上面还标明了他的毕业日期及'款已付清'的字样"这句话可以知道书里有一把跑车的钥匙，所以 B 正确。
83	C	细节题。根据"您的画都是完整的呀，可我专收残缺品"知道答案选 C。
84	D	原因题。根据"皮亚立即把巴捷赶出了门：ّ对不起，您的画不值钱，您还是到别处去吧。ّ"可以知道原因是 D。
85	B	细节题。根据"一个真正的艺术家，怎么肯将自己的残缺之作拿出来给人呢"可以知道答案选 B。
86	B	细节题。根据"如果当初我将那幅残缺的作品卖给了皮亚，获得了 10 万美元，那么我的作品也永远只值那个价了"可以看出并非巴捷所有的画都很完美，也有残缺的，只是巴捷从来不把这样的画卖给别人罢了，所以答案选 B；从第四段第一句话可以知道 A 项说法正确；从第三段可以知道，皮亚出 10 万美元买巴捷的画，巴捷把残缺的画撕碎了，没有卖，所以 C 项和 D 项说法正确。
87	A	细节题。根据"他向四个孩子提了一个要求，要他们分别去远方看一棵树"可以知道树在远方，所以答案选 A。
88	A	细节题。冬天叶子落了，不是枯死了，所以答案选 A；从二儿子的话中可以知道，B 项说法正确；从三儿子的话中可以知道，C 项说法正确；从小儿子的话中可以知道，D 项说法正确。
89	C	细节题。文中提到"听了儿子们的话，父亲对他们说：ّ你们都不正确ّ"所以答案选 C。
90	B	主旨题。这个故事告诉我们：不要太快对事情下结论，所以答案选 B。

三、写作

第一部分

题号	答案	解析
91	听说蔬菜价格涨了不少。	"听说"是插入语，相当于"我听别人说"。作为插入语，"听说"在句子中的位置一般位于句首。这句话中的"蔬菜"和"价格"都是名词，"蔬菜"做定语修饰"价格"，"涨了"是动词，"不少"表示数量，在此做补语说明"涨"的程度。因而此句的正确答案是：听说蔬菜价格涨了不少。
92	我们过马路时必须注意安全。/过马路时我们必须注意安全。	"……时"表示某事发生的时间，相当于"……的时候"。"时"的前面一般是某种事情，比如"吃饭时，睡觉时，大学时"。"……时"构成句子中的时间状语，其位置可以在主语前也可以在主语后。此句中表示事情的是"过马路"，因此"过马路时"是句子的时间状语。"注意"是句子的谓语，"必须"是一个副词，放在"注意"的前面修饰"注意"，"安全"是宾语，位于"注意"的后面，"我们"是"注意"的主语，因而此句的正确答案是：我们过马路时必须注意安全。/过马路时我们必须注意安全。
93	他们要研究研究这个问题。/这个问题他们要研究研究。	这个句子主要考查的是动词重叠。在汉语中一部分动词可以重叠，表示"时量短"或者"动量小"。它分为单音节动词重叠和双音节动词重叠，其表现形式分别为：AA 和 ABAB。如：看→看看，打扫→打扫打扫。如果动词后有宾语，宾语应该放在后面，形式为：AAN，ABABN。比如：看看书，打扫打扫房间。如果宾语较长也可以提前，放到句首。此句中有两个"研究"，要动词重叠，"问题"是它的宾语，"这个"是指示代词修饰"问题"，"他们"是人称代词，是谓语动词的行为实施者。因而此句的正确答案是：他们要研究研究这个问题。/这个问题他们要研究研究。
94	什么困难也阻止不了他。	这个句子主要考查的是指示代词"什么"的任指用法和"不了"作为可能补语的用法。指示代词"什么"表示任指时，其形式一般为"什么＋名词＋都/也"，表示所说的范围内无例外。"阻止"是句子的谓语。"他"是宾语。汉语中"动词＋得/不＋结果补语/趋向补语"是可能补语的一种形式，表示可能或者不可能，因而"不了"是可能补语，可能补语跟动词的关系非常密切，因此当动词带宾语时，宾语应该在补语的后面。所以此句的正确答案是：什么困难也阻止不了他。

95	交试卷以前一定要再检查一遍。	这个句子主要考查动量补语"一遍"的用法，也考查了"交"和"检查"的意思。动量补语和宾语的语序有两种，代词宾语必须放在动量补语前，名词宾语一般放在动量补语的后面，但是也可以放在动量补语的前面。"交"和"检查"是动词。"试卷"是名词，在句子中做"交"的宾语。"以前"是时间名词，可以单用，也可以用在其他词语的后面。"要"是助动词。"一定"是副词，用在助动词"要"的前面。"再"是副词，放动词"检查"前。"一遍"是动量补语，位于"检查"后。答案为：交试卷以前一定要再检查一遍。
96	他是坐飞机来的。	"是……的"表示强调，强调说明做某件事的时间、地点、方式或人，被强调的必须是已经发生的事情。"他"是人称代词；"飞机"是名词，做动词"坐"的宾语；"来"是趋向动词。本句强调方式，正确答案是：他是坐飞机来的。
97	太极拳现在越来越流行了。/现在太极拳越来越流行了。	这个句子主要考查的是"越来越"的意思和用法。"越来越"后面一般为形容词或者心理动词，表示程度随着时间而发展。同时也考查学生是否知道"太极拳"、"流行"的词义。"太极拳"是名词，在句中做主语；"流行"是形容词，在句中做谓语；"了"是动态助词兼语气词，用在句末；"现在"是时间名词，在句中做状语，其位置可在主语前，也可在主语后。因而此句的正确答案是：太极拳现在越来越流行了。/现在太极拳越来越流行了。
98	这件事情早就给处理好了。	这个句子主要考查的是"给"和"好"。"给"表示被动的基本结构是："受事者+给+施事者+动词+补语"，意思是：受事者在施事者实施某种动作的作用下，产生了某种结果。此句中的受事者是"这件事情"，施事者省略了，动词是"处理"，"好"是结果补语，"了"是一个助词，位于"动词+补语"后。因而此句的正确答案是：这件事情早就给处理好了。

第二部分

99 题写作示例

企业的态度对企业的发展很重要，因为"态度决定一切"。首先企业要有认真的态度，他们应该认真地去调查市场、了解市场。其次他们要有友好的态度，在和别的企业合作时，要和他们交朋友，这种友谊可以使大家的合作很愉快，能一起成功。

100 题写作示例

我们可以看到有很多人都在认真地欣赏老师画的国画，老师的国画画得特别好，他们特别羡慕。中国的国画具有很悠久的历史，现在中国人把国画当成一种个人的爱好，他们互相学习，共同享受传统艺术给大家带来的快乐。

责任编辑：付　华
封面设计：王天义

图书在版编目（CIP）数据

新HSK（五级）模拟试卷及解析 / 东方汉院编制．—北京：华语教学出版社，2010
　　ISBN978-7-5138-0026-6

Ⅰ．①新… Ⅱ．①陈… Ⅲ．①汉语－对外汉语教学－水平考试－解题 Ⅳ．① H195-44

中国版本图书馆CIP数据核字（2010）第 212684 号

新HSK (五级) 模拟试卷及解析

东方汉院　编制

*

© 华语教学出版社有限责任公司
华语教学出版社有限责任公司出版
（中国北京百万庄大街 24 号　邮政编码 100037）
电话: (86)10-68320585, 68997826
传真: (86)10-68997826, 68326333
网址: www.sinolingua.com.cn
电子信箱: hyjx@sinolingua.com.cn
北京虎彩文化传播有限公司印刷
2011 年（16 开）第1版
2024 年第1版第5次印刷
ISBN 978-7-5138-0026-6
004900